U0930945

风俗泰伯余，衣冠永嘉后。

——唐·刘禹锡

楹联润东

——楹联里的历史文化

中国人民政治协商会议镇江市委员会新区工作委员会办公室
镇江新区诗词楹联协会 编

江苏大学出版社
JIANGSU UNIVERSITY PRESS
镇 江

图书在版编目(CIP)数据

楹联润东：楹联里的历史文化 / 中国人民政治协商会议镇江市委员会新区工作委员会办公室，镇江新区诗词楹联协会编. -- 镇江：江苏大学出版社，2023.12
ISBN 978-7-5684-2068-6

Ⅰ.①楹… Ⅱ.①中… ②镇… Ⅲ.①吴文化②对联－作品集－中国 Ⅳ.①G127.5②I269

中国国家版本馆 CIP 数据核字(2023)第 248566 号

楹联润东——楹联里的历史文化
Yinglian Rundong——Yinglian li de Lishi Wenhua

编　　者/中国人民政治协商会议镇江市委员会新区工作委员会办公室
　　　　　镇江新区诗词楹联协会
责任编辑/常　钰
出版发行/江苏大学出版社
地　　址/江苏省镇江市京口区学府路 301 号(邮编：212013)
电　　话/0511-84446464(传真)
网　　址/http://press.ujs.edu.cn
排　　版/镇江市江东印刷有限责任公司
印　　刷/江苏凤凰数码印务有限公司
开　　本/710 mm×1 000 mm　1/12
印　　张/16.5
字　　数/304 千字
版　　次/2023 年 12 月第 1 版
印　　次/2023 年 12 月第 1 次印刷
书　　号/ISBN 978-7-5684-2068-6
定　　价/70.00 元

说明：1. 本书中未标注作者的文、联、画、摄影作品均由赵金柏撰写、绘制、拍摄。

2.《吴国社稷》中未标注作者的青铜器照片为倪云海拍摄。

新区江景——2020 年 9 月在建的五峰山长江大桥

序

孙家政

润东指位于镇江东部的镇江新区（镇江经济技术开发区），即镇江东乡的大港镇（今为大港街道）、丁岗镇、大路镇、姚桥镇，加上市东郊的丁卯街道。润东是吴文化的发祥地，曾出现过吴国发端、南宋遗绪、辛亥革命三大文化高峰，是镇江历史文化的根脉所在。润东作为经济技术开发区，是当前镇江城镇化发展迅速和经济发展活跃的地区。

楹联，俗称对联、对子。楹即厅堂中的柱子，柱子与门上贴、挂、刻的对联统称楹联。楹联是汉字文化园中的一朵奇葩，更是中华民族文化遗产中的一颗璀璨明珠。楹联具有鲜明的大众化特征和强烈的仪式感，这与我们的文化环境密不可分。

本书取名“楹联润东”有三层意思。一是反映历史遗留下来的楹联所承载的东乡文化；二是说明当代楹联是对润东历史文化的阐释与新区建设成就的反映；三是表示楹联作为与大众生活联系密切的文化，是润泽我们心灵的阳光、氧气与清水。我们编撰《楹联润东——楹联里的历史文化》是对润东楹联文化的总结，以期推动新区楹联文化的发展与普及。

（作者为镇江新区政协工委主任、镇江新区楹联创建办主任）

摄影 / 王荣明

国画《耕读传家》

目录

CONTENTS

吴国社稷

宜宜俎吴侯祭祖

王瑞圖社稷發耑

癸卯瑞子題吳國社稷

金栢撰聯并書

瑞气绕圌山，问方国分封甚处？
铭文函大港，知润东肇始江南。

吴国故邑

大港位于扬子江南岸，境内有丘陵河流，被圌山、横山、青龙山环抱。太伯南奔带来的先进农耕文化，在这里激荡、交融，生发了土谷祭祀的文化基因。这种基因统摄着宗教、方言、地名、传说、风俗、精神等文化特性。20 世纪 50 年代，郭沫若、唐兰先生对大港烟墩山出土的吴国青铜礼器与“宜侯夨簋”铭文的考古指出：周王分封吴侯之地就在附近。此后，大港相继出土的大批吴国顶级青铜礼器及与吴文化有关的非物质文化遗产，以无可辩驳的事实说明：大港这方古老的土地是吴国始兴的社稷重地和吴文化的发祥胜地。

国画《西周吴邑》局部

石破天惊，夨簋金文明史记；
云开雾散，吴侯故邑现烟墩。

吴国礼器

1954年，大港烟墩山出土了带有铭文的吴国青铜簋。簋底部有铭文126字，是目前发现的唯一的周天子封侯文献。历史学家、古文字学家郭沫若和唐兰先生将簋铭记载的地名释为“宜”，指出“宜”的地望在丹徒附近，即今天的镇江大港（古镇）；释簋铭“夨”字为吴侯周章的名字。于是，青铜簋被命名为“宜侯夨簋”。继烟墩山之后，这一带的母子墩、磨盘墩、背山顶、青龙山、粮山、王家山等吴国王陵出土了大量青铜器。考古表明：大港沿江一带起伏的丘陵山岗是吴国王侯陵区。

《史记》载：“太伯之奔荆蛮，自号句吴。荆蛮义之，从而归之千余家，立为吴太伯。”这是说商代末年周人太伯、仲雍南奔荆蛮，受江南土著人拥戴而创立吴国。历来，史家对太伯建立吴国的地方莫衷一是，烟墩山出土的夨簋上的120余字的铭文为解开千古之谜提供了重要依据。

宜侯夨簋

西周

通高15.7厘米、口径22.5厘米、足径18厘米。折唇，浅腹，四兽耳，高圈足。腹饰涡纹，间以夔纹，圈足饰夔纹，有四短扉棱。底内铸有铭文12行，存120余字。1954年大港烟墩山宜侯墓出土。中国国家博物馆藏。

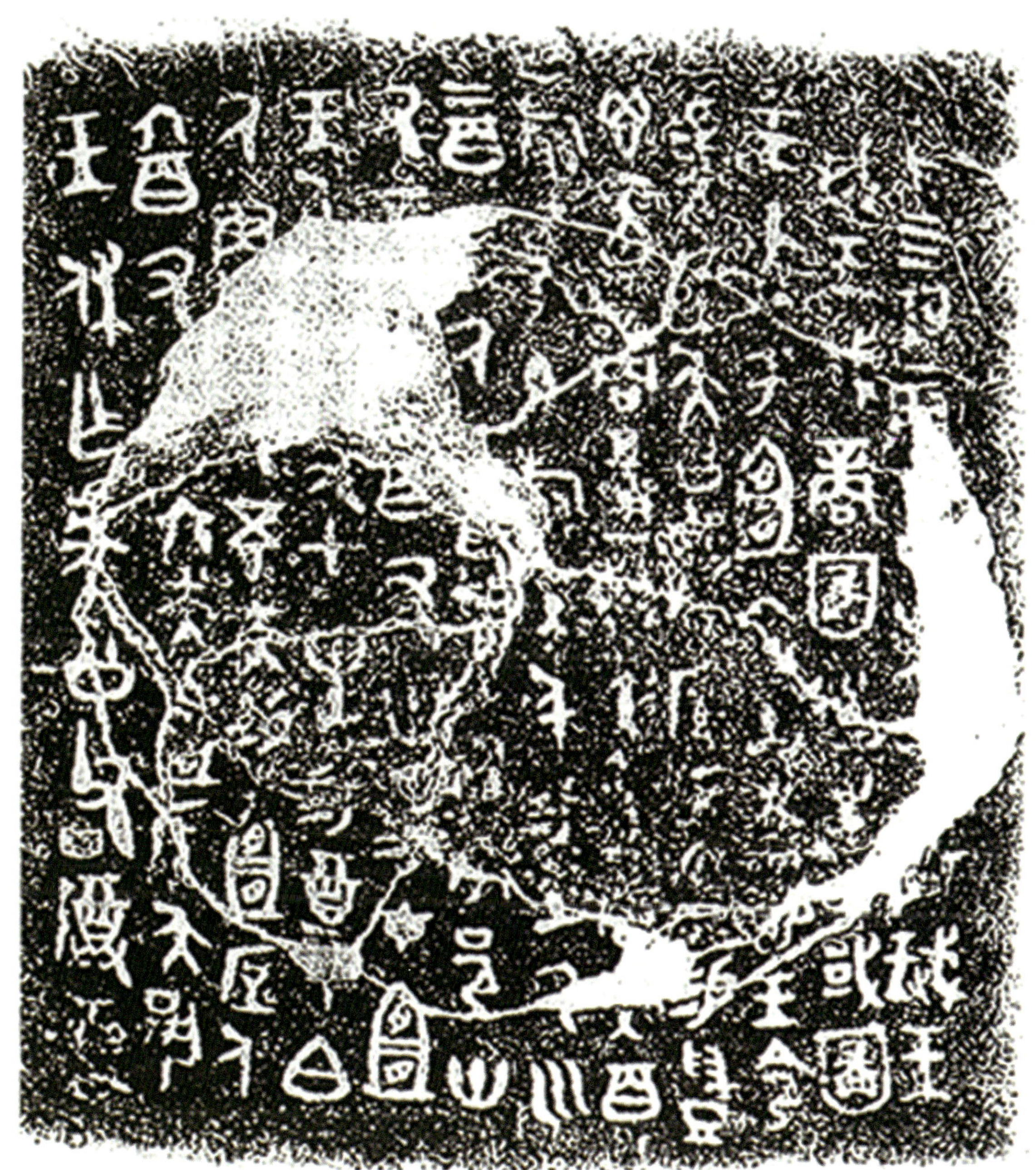

宜侯夨簋铭文拓片

朝向吴王陵的圌山

“□”分俎宜，吴侯祭祀；“王”在圌瑞，社稷发耑。

【注释】□，见宜侯夨簋铭文，源自祭祀，后分为“俎”字与“宜”字。王，见宜侯夨簋铭文，因王侯祭祀而衍历史文化。

夨簋铭文与圌山

一、地名

“□”（以下用“□”代）在簋铭中表示地名，共出现5次，是使用频率最高的中心文字。“□”本是“俎”与“宜”的古字，这个象形字的本义是放着两块祭肉的供台，有适宜祭祀之意。作为地名，“□”是解释为“宜”，还是解释为“俎”，要看当地的地名是否与之匹配，以及地名相关的历史文化是否与之吻合。

出土簋铭的烟墩山就在圌山脚下。圌山的“圌”字，方言念“qú”。明代江阴学者李诩《戒庵老人漫笔》卷六中谈到圌山“石婆婆”说：“圌（音徐）山向江一半，舟行过者，远望石形，紫裙乌发，俨然一老妪，人呼石婆婆。”明末清初地理学家刘献廷《广阳杂记》卷四记载：大港“有山曰瞿，半出江岸”。柳诒徵在《读大港赵氏宗谱》一文中对其作按说：“即圌山，俗读瞿音。”上述文献记载的是圌山方言读音，“圌”在方言中与“徐”和“瞿”同音，都念“qú”。

马景崙先生说：“徐的读音 qu，是元代以后才出现的，《诗经》时代没有这个读音。‘徐’之声母，上古读音近似 [z]。”也就是说，圌山方言“徐”的古音近似“俎”。

我们通过字音“俎”找到了“□”与方言“圌”之间的联系。可是圌的本意是：判竹圜以盛谷也（《说文》）；读音为：市缘切（《唐韵》）。“圌”字在字义、字音与字形上本来与“俎”字并无关系。那么，“□”是如何变为“圌”的呢？

《丹徒县志》记载着圌山的传说。圌山原名“瑞山”，秦始皇忌惮此山的王气，便造了一个“圌”字来替代原来的山名。传说是历史的风影，传说中有多少历史的可能性，要看这个传说有多少符合历史文化的走向与逻辑。

簋铭中，“□”第一次出现是在“宗土”二字前。“宗土”指社稷宗庙，由此可推断“□”是吴国社稷宗庙所在的圣地，《礼记·王制》说：诸侯在自己的领土祭社稷、祭祀名山大川。圌山以宏伟的收拢之势面对滚滚而来的长江之水，它脚下的连岗丘陵又是吴国王陵所在，这里自然是吴国祭祀王陵与山川的圣地。圌山的“半山土地庙”与“宗土”这座社稷宗庙有着历史文化上的渊源。因此，“□”即指圌山。郭沫若、唐兰关于“□在丹徒附近”的判断十分正确，两位大家如果了解圌山的方言的话，也会把“□”释为“俎”的。

《史记·吴太伯世家》说：“寿梦立而吴始益大，称王。”“瑞”由“王”与“耑”会意，《说文》说：耑，上端像植物初生，下端像它的根，有发端之意。圌山是吴国的祭祀圣地，也是吴国的王兴之地。在吴侯称王的时代，给这座王气发端之山再起一个“瑞”字之名，或者将“俎”字之名改为“瑞”字之名是符合历史走向的。

圌山的宗土之庙与山脚下的王陵组成吴国最重要的祭祀区，传说秦始皇凿断的京岘山龙脉正是在这一轴线上。山名“俎”字与祭祀有关，“瑞”字涵有王气，虽然说秦始皇不可能像传说那样来亲自造一个“圌”字，但统一中国、统一文字的始皇国策必然忌惮带有王气的吴国山名。带有祭祀王气的山名“□”字和“瑞”字被改为“圌”字，也符合历史的逻辑。

秦代禁忌圌山的王气，主要是禁祭吴王的宗祖后稷。禁忌之下，宗土庙失去了社稷的意义，变成了民间的土地庙。以表示盛谷物的“圌”取代原有的山名，也合乡民在圌山祭祀土地神祈求丰收之意。圌字市缘切，既不念“chuí”，也不是本地方言的“qú”音。对于“圌”字山名，秦始皇做到了书同文，但做不到语同音，短暂的秦代无法改变当地乡民长期称呼“俎”山的习惯，“圌”字的读音因此被“俎”字同化了。

“□”是圌山的名字，读“俎”。圌山方域呼作“俎方”。“朱方”与“俎方”同音通假。谷阳指圌山山谷南向之处。如今的朱方、谷阳应该是“□”所指的圌山地域。秦始皇统一六国，改谷阳为丹徒，“三千赤衣囚徒为丹徒”的传说也脱离不了秦代在圌山地区禁忌王气的历史轨迹。丹徒之名或与保留的土地神祭祀有关。从半山土地庙旁大量的山石废墟看，朱方城可能就地取材，用圌山的红山石垒之。地名中“朱方”之朱、“丹徒”之丹的用字，除了同音通假的因素外，与圌山的红山石或有一定的关系。

半山土地庙旁大量的山石废墟，疑似吴侯宗庙遗址

圌山的疑似祭祀遗址
2007 年 4 月摄

让三固是周天下；第一初开吴世家。

——泰伯庙楹联

【注释】太伯又称泰伯，让国成就周朝，而自己到江南创立了吴国。孔子曰：“太伯可谓至德也已矣，三以天下让。”《史记》把太伯列为世家“第一”。

二、历史

簋铭“侯于□”意即在圌山地域为侯。

《史记·吴太伯世家》说：“太伯、仲雍二人乃奔荆蛮，文身断发，示不可用，以避季历。”文身断发是为了示不可用吗？既然南奔了，文身断发示给谁看呢？

簋铭“□”所指的圌山处于长江之滨，圌山西南是沿江丘陵。荆蛮土著人傍山依水择丘陵高台而居，这丘陵之上的磨盘墩、癞鼋墩出土过大量的石器、骨器。太伯奔吴之前，渔猎、采摘是圌山的荆蛮土著人的主要生活手段。圌山西南的吴王余眛墓出土了一件重要文物——鸠杖，鸠杖的底镦是“文身断（短）发的荆蛮人”。“文身断（短）发”反映了荆蛮人通过打扮与纹身把自己搞的像百兽之王，祈望自己像老虎一样通吃一切的习俗。太伯、仲雍“文身断发”，应当是为了入乡随俗，求得荆蛮土著人的认可。

《史记·吴太伯世家》说：“太伯之奔荆蛮，自号句吴。荆蛮义之，从而归之千余家，立为吴太伯。”太伯所奔之地不可能是太湖区域，那里是水田稻作文化，太伯掌握的旱作文化毫无优势。簋铭中表示吴字的文字“[illegible]”上还是一个虎头，可见荆蛮人崇拜自然，认为力大为王。虽然太伯、仲雍有让位之义，但这样的“义”最多让荆蛮人接纳善待他们，并不能使荆蛮人让位给这两个落荒者。太伯、仲雍以什么“义”使荆蛮人归顺自己呢？

太伯有以后稷为旗帜的农耕技术与农神崇拜，吴侯的祖先后稷因掌握农耕技术被尊为谷神，“□宗土”的祭祀必然从对农神的崇拜上升到关乎国家命运的社稷之祀。农耕技术虽然造福荆蛮人，但它带来的好处还达不到“义”的高度。荆蛮人没有儒家的理念，不见得会把农耕之利上升到义的高度；荆蛮人也不是天生的奴隶，他们不会轻易地受制于人。《礼记·祭统》云：“凡治人之道，莫急于礼。礼有五经，莫重于祭。”祭祀谷神后稷才能谈得上“义”，才能神化吴侯自己，才能借助神灵统摄荆蛮人。祭祀后稷是把社稷大义建立在土谷民生上，把权力建立在农神崇拜上。

《史记》记载了武王封周章，周章就是铭文中的吴侯“夨”。夨簋铭文又说，周王改封周章在圌山为侯。武王已封周章，后世周王为何要改封周章呢？有人说是周康王根据“宗土”庙占卜的结果而改封的。武、成、

风俗泰伯余，衣冠永嘉后。

——唐 · 刘禹锡

康是西周励精图治的时代，无论是成王还是康王都不可能没事找事，“烽火戏诸侯”般地“卜”改武王的命令。《左传》说：“国之大事，在戎与祀。”改封的原因应当是以圌山为中心的“宗土”祭祀与国防需要。

成王时发生三监之叛，“周公征之，遂定东夷”（《后汉书 · 东夷列传》），参与叛乱的商奄残余南逃，盘踞在圌山东南几十公里外的武进淹城。国防形势要求周王必须加强对东南诸侯国的统治。如何加强呢？周王大做圌山宗土之庙的文章，将吴侯改为具有祭祀意义的“□”侯并予大量的赏赐，表彰吴侯在圌山设宗庙祭祀祖宗的忠孝之心。这样，在周初的国家危机中，周王肯定了吴侯的忠心，吴侯得到了周王的信任便高高兴兴地为周王坐镇东南国防重地。如果不是成王即位后王侯之间的政治危机与周公的强势平叛，已受武王封侯的周章还能对改封受宠若惊地铸簋铭文吗？下达改封命令的王，或是成王，或是代成王出征的周公。

吴国王陵在圌山西南侧，按代序由近而远地朝向东北面的“半山土地庙”葬于丘陵山头，王陵选择的山头高度都在“半山土地庙”之下，落差约有 50 米。只有圌山因吴国的社稷宗庙所在成为祭祀的圣地，这一现象才能得到合理的解释。吴国开疆拓土立足荆蛮赖于圌山的祭祀，周初改封确定诸侯国的牢固地位赖于圌山的祭祀，凝聚吴国人心发展壮大、称王称霸也赖于圌山的祭祀。圌山宗土庙与庙下的吴国王陵构成了吴国的历史轴线。这条轴线以“□宗土”为起点，埋藏着吴国从兴起到称王的主要历史，吴侯周章墓出土的以夨簋为代表的礼器和吴王余眛墓出土的权杖与宝剑，是吴国从发祥到称王的历史铁证，也是对“□宗土”历史意义的说明。

延续至今的圌山庙会——登山　摄于 2014 年 4 月 6 日

江南望遍无双地；大港独尊第一墩。

【注释】自大港烟墩山出土吴国青铜礼器后，这一带的母子墩、磨盘墩、背山顶、青龙山、粮山、王家山等土墩墓陆续出土了大量吴国时期的青铜器。考古表明：大港沿江一带起伏的丘陵山岗是吴国王侯陵区。烟墩山墓地为全国重点文物保护单位。

烟墩山出土的礼器

烟墩山吴侯周章墓出土了西周早期青铜器12件，其中夨簋、双耳龙纹簋、圆鼎等物的形制、纹饰及铭文属于中原风格；附耳大铜盘的草叶状勾纹、角状器和车马器上的几何形陶纹折线、套菱纹为江南独特纹饰。

烟墩山二号墓出土的文物有36件。“其中饮器夹砂陶鬲8件，大小递次，有些类似中原墓葬中的‘列鼎’”之礼，其中一件是具有中原西周文化特点的陶鬲，另有几何印纹硬陶器瓮、瓿、罐等。肖梦龙推断“墓主亦应是外来周人”。

◀ **弦纹鬲**

西周

通高21.8厘米、口径18厘米。折沿，立耳，短颈，款足弧形裆。腹饰两道凸弦纹。1954年镇江大港烟墩山出土。南京博物院藏。

▼ **附耳簋**

西周

通高11.8厘米、口径18.3厘米。侈口，附耳，高圈足。腹和圈足饰尖叶勾连纹。1954年镇江大港烟墩山出土。南京博物院藏。

▲ 竖耳撇足鼎

西周

通高 9.4 厘米。竖耳作鸟形，盆形浅腹，三细足外撇，是具有吴国特色的典型青铜器。1954 年镇江大港烟墩山宜侯墓出土。南京博物院藏。

▼ 鸟纹觥

西周

通高 21 厘米、身长 21.8 厘米。形似四足双角兽，背部有盖，上立兽状小纽，身后附龙形鋬，腹下四扁足，腹饰凤鸟纹，足上饰象纹。1954 年镇江大港烟墩山出土。南京博物院藏。

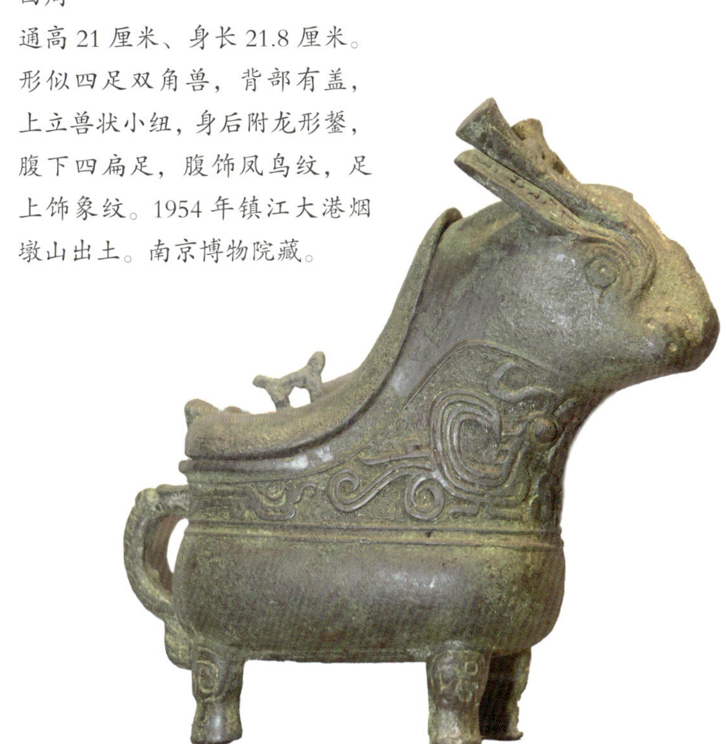

◀ 兽面纹鼎

西周

通高 29.6 厘米、口径 26 厘米。折沿，方唇，立耳，垂腹，柱足。腹饰细云雷纹组成的三段式兽面纹。1954 年镇江大港烟墩山出土。南京博物院藏。

礼器煌煌，周章铸就；风情厚厚，土著融和。

【注释】周章为第四代吴侯。周文化与大港文化融合肇始吴文化。

◀ 夔龙纹匜

西周

通高 21.5 厘米、长 46 厘米、宽 29 厘米。长流，瓢形身，兽形鋬，三蹄足。流饰云纹，口沿下一周夔龙纹带，鋬上阴线垂鳞纹。1982 年镇江大港磨盘墩出土。南京博物院藏。

▼ 单耳尊

西周

通高 39 厘米、口径 34.5 厘米、腹径 24.1 厘米。喇叭口，口沿下有一环状耳，扁鼓腹，圈足。腹上、下各饰两道凸弦纹，腹部以圈点纹为边框，满饰云雷纹，间饰四组计十六枚乳丁。这类高筒形扁鼓腹尊是吴国的典型器物。1982 年镇江大港磨盘墩出土。南京博物院藏。

磨盘墩出土的礼器

磨盘墩遗址北面约 550 米即长江，其东面 2 千米是烟墩山，其西南 1 千米为母子墩。1982 年春，发掘 88 平方米发现新石器时代晚期及“湖熟文化”的叠压层。遗址中部偏北处，发现一座周代贵族墓葬，出土了青铜器、原始青瓷器、几何印纹陶器等文物。

王民周礼；福禄攸同。

【译文】王侯士民奉行礼制。福禄降临国家社会。

克贤克仁，泰伯开端大业；修内修外，熊遂继守宏成。

【注释】贤仁至德的泰伯（太伯）开创吴国大业，后世吴侯图治守成。熊遂：第六位吴国君主，墓葬位于母子墩。

母子墩出土的礼器

母子墩出土的西周早期的青铜礼器、兵器及车马器，包括几何印纹硬陶和原始青瓷器，共计 521 件。一类为中原风格，另一类为江南吴国风格。其中一件方座簋有铭文 5 字“白（伯）乍（作）寶尊彝”，专家推测墓主是吴侯熊遂。

▼ 伯簋

西周

通高 24 厘米、口径 22.2 厘米。敞口，方唇，束颈，鸷鸟形耳下有卷尾小珥，鼓腹，圈足，方座。口沿下饰蚕纹，间饰浮雕牺首，腹及方座饰细云纹衬地的大凤鸟纹，方座四角顶面饰饕餮纹，圈足饰蚕纹。器内底部有铭文“白（伯）乍（作）寶尊彝”。1982 年镇江大港母子墩西周墓出土。镇江博物馆藏。

▼ 云形鸟纹鼎

西周

高 25.3 厘米、口径 20.2 厘米。敛口，折沿，方唇，立耳微外侈，垂腹，柱足。口沿下饰一周以宽线条构图的云形鸟纹。1982 年镇江大港母子墩出土。镇江博物馆藏。

亦服尔耕，诸方日靖；维天之命，迄用年康。

【译文】倡导农耕，四方安定；遵循天道，带来丰年。

▼ **双耳鸟盖壶**

西周

通高 49 厘米、口径 20 厘米 ×13.8 厘米。飞鸟形盖，直口，器身饰以附有方乳丁的凸宽带纹为间隔，分成四片，有圈点纹镶边的云形勾连纹，左右两对称乳丁，是具有吴国特色的典型青铜器。1982 年镇江大港母子墩出土。镇江博物馆藏。

▼ **提梁卣**

西周

通高 34.5 厘米、口径 17.7 厘米 ×13.5 厘米。椭圆体，扁提梁，两端为牛头形兽首，盖纽作小鸟形。1982 年镇江大港母子墩出土。镇江博物馆藏。

▲ **双兽首耳簋**

西周

高 14 厘米、口径 22.2 厘米。直口，卷沿，深腹，圈足，双兽首耳下垂小珥。口沿下饰几何形勾连纹，中间并附饰蝶形浮雕牺首，腹部饰简化饕餮纹，圈足饰几何形勾连纹。1982 年镇江大港母子墩出土。镇江博物馆藏。

◀ **勾连纹尊**

西周

高 27 厘米、口径 22.2 厘米。喇叭形侈口，圆鼓腹，高圈足外侈，有直裙。腹部有六道凹弦纹，中间饰一云形勾连纹带，腹上、下各有两道凸弦纹。1982 年镇江大港母子墩出土。镇江博物馆藏。

▲ **鸳鸯形尊**

西周

通高 22.2 厘米、口径 18.3 厘米。器体为鸭形，喇叭形口，以鸳鸯躯体为器腹，长颈低首，首上有冠，束翅展尾，臀部下置一螺旋形支柱，与带蹼双脚构成器物三足，是具有吴国特色的典型青铜器。1982 年镇江大港母子墩出土。镇江博物馆藏。

礼乐农耕，仁民图治；土谷祭祀，荆蛮归之。

【译文】农耕惠民，德政治理；祭祀摄心，土著归附。

北山出土的礼器

北山顶吴王余眛墓出土青铜鼎等礼器 3 件，附青铜勺 1 件、青铜缶 2 件、青铜编钟一套 12 件、石编磬一套 12 件。青铜器还有军乐器、车马器、兵器与工具。墓中有铭刻吴王余眛名字的铜矛等兵器和象征至高无上权力的鸠杖，杖镦青铜人呈“文身断发”形态。

蟠螭纹缶

春秋

通高 37.8 厘米、口径 15.8 厘米、底径 15.4 厘米。小口，有盖，盖中立一环纽，周三环纽，边缘有三个兽面形轫，与缶口咬合，圆鼓腹，腹上有四个对称的环耳，平底。腹部饰两道凸起绳索纹，中间饰蟠螭纹带。1984 年镇江大港北山顶出土。南京博物院藏。

鸠杖

春秋

杖全长 229.4 厘米；杖首长 21.2 厘米、镦长 19.2 厘米，径 3.4 厘米。木杖身已朽，仅存青铜杖首和杖镦。杖首顶立一只鸠鸟，身饰羽纹，有半圆形和三角形凸棱，间饰卷云纹、细云雷纹、锯齿纹边。杖镦纹饰同杖首，镦末端铸作为一跪坐的人形。1984 年镇江大港北山顶出土。南京博物院藏。

寿梦称王，青龙隐迹；余眛继位，鸠杖显权。

【注释】寿梦奠定吴国的强盛基础，始称吴王，死后葬在大港青龙山。王位先传于长子诸樊，后传给次子余祭、三子余眛。

益土吴邦，称王称霸；华仪钟鼎，振国振师。

【注释】寿梦奠定吴国的强盛基础，始称吴王。吴国“益疆称王”，西破强楚，北威齐晋，南服越人，一度称霸中原，成为长江下游的强大国家。钟鼎礼器象征国家地位与王权。

▶ 丁宁

春秋

通高18.8厘米。长柄中空，中部有一销孔。1984年镇江大港北山顶出土。南京博物院藏。

▲ 甚六鼎（其一）

春秋

通高21.8厘米、口径21.1厘米。正子母口，有盖，附耳，深腹，圜底，三蹄足。盖捉手为九龙衔环。腹部饰夔纹，中间一道凸起绳索纹，夔身鳞纹，足根饰兽面纹。鼎腹内及盖内皆有铭文8行47字，铭文内容相同。1984年镇江大港北山顶出土。南京博物院藏。

▼ 甚六纽钟（其二）

春秋

大小有序。通高14.5~25厘米。五件为一套。舞面及篆部饰蟠螭纹，枚作蟠龙状，篆与枚之间用凸起的绳索纹相间，鼓部为四条变体龙纹两两相对。一面的左、右鼓部及钲间有铭文，全文72字，五钟铭文相同，但排列形式不同。1984年镇江大港北山顶出土。南京博物院藏。

人杰雄才谋大略；地灵霸业起宏图。

钟鼓将将，师扬武德；旗旆猎猎，国展文仪。

【注释】“将将”同“锵锵”，象声，形容钟声响亮。军队弘扬武德。风吹动旗子，猎猎作响。国家振兴文化。

▼ 甚六镈（五件）

春秋

通高 31.8~23.3 厘米。五件为一套。交龙纽，腔体较鼓，两侧锐出，于平。舞面及篆部饰蟠螭纹，枚作蟠龙状，篆与枚之间用凸起的绳索纹相间，鼓部为四条变体龙纹，两两相对。一面的左、右鼓部及钲间有铭文，全文 72 字，每钟的铭文相同，排列形式各异。1984 年镇江大港北山顶出土。南京博物院藏。

▲ 錞于（三件）

春秋

通高分别为 46.0 厘米、44.2 厘米和 41.5 厘米。三件为一套，大小相递。造型纹饰基本一致。虎纽，浅盘，直壁。器身作椭圆筒形，平口，鼓肩，束腰。肩部饰一周变体云雷纹，口上部饰三道凸起的绳索纹，间饰变体云雷纹，隧部两侧各有一由八条凸起的小龙组成的图案。1984 年镇江大港北山顶出土。南京博物院藏。

斯扬至德；其命维新。

【注释】弘扬太伯的仁德，振兴国运，更新气象。

仁义煌煌，民生社稷；武功赫赫，会盟诸侯。

【注释】吴王寿梦名“乘”，其墓在大港青龙山。吴侯自寿梦始称王。公元前585年，寿梦带队到洛邑去朝见刚刚登基的周简王，并沿途访问诸国。其子孙北上进行“黄池会盟”，成为诸侯盟主。

粮山出土的礼器

1979年3月，粮山出土一批青铜器，计鼎3件、甗1件、罍1件、匕1件，此外，还有印纹硬陶坛1件。该地东南1.5千米处为粮山，北距长江仅1千米，东距大港6千米。

▼ 蟠螭纹罍

春秋

通高39.5厘米、口径30.5厘米。小口，鼓腹，平底，肩上两兽耳套环。腹部满饰络绳纹格，形象逼真，络绳纹格内填饰蟠螭纹。整器铸作精细。1979年镇江大港粮山出土。镇江博物馆藏。

▼ 吊耳三足甗

春秋

通高58厘米。甗为甑和三足釜的合铸体。甑深腹，两旁鼓出双套耳，上接两个吊链，腹上三道凸弦纹；釜扁鼓形，中间束腰处有一注水口，三短扁足，是具有吴国特色的典型器物。1979年镇江大港粮山出土。镇江博物馆藏。

▼ **竖耳三足外撇鼎**

春秋

通高 12.6 厘米、口径 14.2 厘米。方形立耳，中有一横梁，盆形腹，细扁足外撇。1987 年镇江粮山春秋墓出土。镇江博物馆藏。

▶ **竖耳三足外撇鼎**

春秋

通高 29.5 厘米、口径 30.8 厘米。扇方形小立耳，直腹，平底，细高足外撇，耳部饰羽状纹。1987 年镇江大港粮山出土。镇江博物馆藏。

▼ **S 形纹鼎**

春秋

通高 37.5 厘米、口径 30.4 厘米。有盖，盖中央套铸一环，周边有三立纽，附耳，深腹，圜底，三蹄足弯曲外撇。1987 年镇江大港粮山出土。镇江博物馆藏。

▲ **提梁盉**

春秋

通高 29 厘米、口径 11.8 厘米。直口带盖，兽首状流，镂空螭形錾，圆鼓腹，三蹄足。提梁上铸凸起夔首、扉棱、夔尾，腹上突起三道绹索纹，间饰双勾 S 纹和三角卷云纹带。1985 年镇江大港粮山出土。镇江博物馆藏。

吴邦俎豆；土谷王民。

【**注释**】俎豆是古代祭祀、宴会时盛食品的器皿，指奉祀。土谷指祭祀的土神与谷神。

▲ 薄胎刻纹匜

春秋

通长 28 厘米、高 10 厘米。圆形，直口，半圆形流，环形鋬，弧腹内收，小平底。胎薄如纸，器表光素，内壁錾刻纹饰图案，分成四层：第一层为平行排列的树木，第二层为鸟和树，第三层为宴饮图，第四层为云气图案。1985 年镇江大港王家山出土。镇江博物馆藏。

▲ 薄胎刻纹盘

春秋

通高 5.3 厘米、口径 25 厘米。敞口，浅腹，双连环耳，平底。胎薄如纸。器表光素，内壁錾刻细线纹饰，有三个层次：第一层为人物狩猎场面，第二层为乐舞图和宴饮图，第三层为双线三角纹带。1985 年镇江大港王家山出土。镇江博物馆藏。

王家山出土的礼器

1985 年，大港西侧的王家山发现吴国土墩墓，其东侧不远处是粮山 1、2 号春秋墓。王家山墓规模较大，出土遗物丰富，有反映上层社会生活画面的 3 件刻纹青铜器及錞于、句鑃配置成组的军乐器、各式兵器、车器和车饰等。专家分析，墓主可能是吴国一位统兵的贵族。

厚厚绵绵，既多福祉；明明赫赫，无竟威仪。

【译文】仁厚怀柔，造福多多；显赫英明，无比威仪。

王家山上王公在；故地名中故事存。

◀ **带盘鼎**

春秋

通高 8.5 厘米、鼎径 8.2 厘米、盘径 8.1 厘米。该器为鼎和三足盘的合铸体。鼎竖耳浅腹，扁足。盘直口平底，三短撇足，素面无纹。1985 年镇江大港王家山出土。镇江博物馆藏。

▶ **人面纹弧腰錞于（其一）**

春秋

大者通高 56.5 厘米、口径 24.5 厘米；中者通高 49.6 厘米、口径 22.3 厘米；小者通高 43 厘米、口径 20.8 厘米。三件为一套，大小相递。器型纹饰相同。弧顶，无盘，虎形纽，圆突肩，斜弧腹渐内收，弯腰，近口处稍外侈，口呈椭圆形。正面饰浮雕人面纹和兽形扉棱，分列螺旋纹、变体云纹、鸟纹等。1985 年镇江大港王家山出土。镇江博物馆藏。

东扩吴疆，南伐於越；西征楚郢，北盟黄池。

【注释】吴国后期东扩，迁都姑苏。讨伐越国。吴军攻破楚国郢都。吴王与晋会盟图谋霸业。

润东出土的车马器

▲ 铜铃

春秋

通高 4.9 厘米。铃作钟形，弧纽，内有舌，素面。1987 年镇江大港青龙山出土。镇江博物馆藏。

▼ 车害、辖、车饰件

春秋

害通长 6 厘米；辖通长 8 厘米；饰件通高 3.3 厘米。1985 年镇江大港王家山出土。镇江博物馆藏。

▼ 车马器

春秋

长 7.8 厘米、宽 3.8 厘米。中间套件相连，耳可上下活动、左右旋转。1987 年镇江大港青龙山出土。镇江博物馆藏。

▲ 马衔、镳

春秋

衔长 22.5 厘米，镳长 18.3 厘米。衔为两节圆杆，顶端套环相连。镳略弯曲，两端饰有简化螭首纹。1987 年镇江大港青龙山出土。镇江博物馆藏。

润东出土的兵器

矢

春秋

通长 9.2~12.7 厘米，径 1.1~1.5 厘米。前端尖圆，通体鎏金。1984 年镇江大港北山顶出土。南京博物院藏。

吴王余眜矛

春秋

长 27.4 厘米、宽 4.7 厘米。矛体狭长，三角形锋，刃中部呈弧形内收，刃口锋利，中脊凸楞通骹，两侧有血槽，椭圆形銎，骹端如燕尾外撇。矛身饰黑色菱形暗花纹。骹部有铭文 9 字。器主为吴王余眜。1984 年大港北山顶出土。南京博物院藏。

多戈戟

春秋

戈通长 20 厘米、援宽 2.9 厘米。1987 年镇江大港青龙山出土。镇江博物馆藏。

镞

西周

长 3.8~4.3 厘米。三锋两刃，有铤，中起脊。1982 年镇江大港母子墩出土。镇江博物馆藏。

菱形暗花纹矛（二件）

春秋

长 29.8 厘米、宽 4.9 厘米。矛身狭长，锋锐利，中脊起凸棱，两侧有血槽，矛叶外缘作弧形曲刃，骹末端呈凹弧形，椭圆銎，上有销孔。矛满饰复线菱形暗花纹。这类几何形暗花纹装饰是吴国的绝技。1987 年镇江大港青龙山出土。镇江博物馆藏。

于豆于登，土谷社稷；在戎在武，剑戟王师。

【注释】豆：古代食器。亦用作装酒肉的祭器。登：古代祭器名，陶瓦质。土谷：土神谷神。

【译文】祭祀土谷，凝聚社稷；整治武备，威震四方。

日出而作，日入而息；凿井而饮，耕田而食。

——击壤歌

【注释】《击壤歌》是一首先秦人民咏赞美好生活的歌谣。这首歌谣用极口语化的表述方式，吟唱出了生动的田园风景诗。

润东出土的工具

犁头

春秋

长 11.8 厘米、宽 14.3 厘米。正面凸起，背面平整，一面刃，刃作弧形三角形，中脊有棱，銎口凹弧形。1972 年镇江丁岗出土。镇江博物馆藏。

锯镰

春秋

长 12.3 厘米、宽 3.5 厘米。正面有平行斜向槽纹，至刃部形成锯齿口，柄端凸出。1985 年镇江王家山春秋墓出土。镇江博物馆藏。

铚

春秋

长 11 厘米、宽 4.9 厘米。器形椭圆弧状，中部有两个平行圆孔，在一边内侧铸斜平行的篦齿纹，至边沿形成锯齿形刃口。1979 年废品收购站拣选。镇江博物馆藏。

犁头

春秋

长 7.8 厘米、宽 6.5 厘米。正面隆起有棱脊，底面平整，中间有一卵孔，弧形三角形刃，銎口呈弓形。1982 年废品收购站拣选。镇江博物馆藏。

锯镰

春秋

长 16.8 厘米、宽 4.1 厘米。脊有棱边，镰身正面铸细密篦齿纹，至刃口呈锯齿状，装柄处有侧栏，饰凸线纹。1972 年废品收购站拣选。镇江博物馆藏。

▲ 凿

春秋

通长 14.8 厘米、宽 1.5 厘米。体窄长，单面斜刃，方銎。1985 年镇江王家山春秋墓出土。镇江博物馆藏。

▲ 斧

春秋

长 12.6 厘米、宽 3.9 厘米。长方形，双面刃，銎处有两道箍凸，长方銎口。1985 年镇江王家山春秋墓出土。镇江博物馆藏。

▲ 锛

春秋

长 9 厘米、宽 4.8 厘米。长方束腰形，刃部外侈，单面斜刃，长方銎口。1985 年镇江王家山出土。镇江博物馆藏。

▲ 锯削

春秋

通长 23 厘米，身宽 1.6 厘米。凸背凹刃，中脊起棱，背上作锯形，刃口锋利，柄端有一圆环。1980 年镇江出土。镇江博物馆藏。

▲ 斧

春秋

四件，长 9.4~10 厘米、宽 4.3~4.5 厘米。长条楔形，刃微弧，长方銎，有的銎外有一或两道凸弦纹。1972 年废品收购站拣选。镇江博物馆藏。

▲ 锛

春秋

长 8.3 厘米、宽 5.6 厘米。长方形，单面斜刃，刃部外侈。1985 年镇江王家山出土。镇江博物馆藏。

立我烝民，思文后稷；莫匪尔极，克配彼天。

【**译文**】使我们民众都能有粮食。饮水思源，源自后稷。不忘他的大德。恩比天高。

孙家村青铜铸造遗存

孙家村遗址位于镇江新区丁岗镇，面积约 12000 平方米。2015 年 11 月至 2019 年 10 月，镇江博物馆对遗址进行了考古发掘，发掘面积共计 4650 平方米。

遗址主要文化遗存为西周中期至春秋晚期，分为四期七个阶段。遗址外侧有环壕、台地边缘土垣，土垣内发现有土台、房址、灰坑、灰沟、水井、窑等遗迹。出土遗物以陶瓷器为主，器类有鼎、鬲、甗、罐、瓿、盆、钵、豆、碗、盂等。遗址曾铸造青铜兵器及工具。发掘出一些与铸铜有关的器物，有范、坩埚、鼓风嘴、石锤、砺石等。出土青铜器 200 余件，器形有斧、锛、镰、戈、刀、镞，部分尚未磨制开锋。孙家村遗址的发掘为长江下游沿岸地区的周代青铜器找到了一处生产地，是近年来江苏宁镇地区考古的一次重要发现，为周代冶金考古研究提供了新的资料。

孙家村遗址所处的长江南岸沿江区域太平河流域分布有较多周代台形遗址和重要墓葬，是对吴文化考古研究有重要意义的一个区域。孙家村遗址保存较好，布局完整，建筑形制特殊，对研究宁镇地区台形遗址有重要价值。

孙家村吴国青铜铸造遗址考古现场

山不高，水不深，孙家村落台形邑址；
史无记，册无载，吴国铜城范式遗存。

陶鬲

陶鼎

陶罐

陶豆

瓷豆

（资料图）

青铜铸造堪称一绝；季札高风可谓无双。

【注释】吴国铸造的青铜兵器，以剑、戈、矛为代表，无论是文献记载还是出土实物所见，均质精物美、驰名列国，是冷兵器的典范。季札为人高风亮节，“季札让国”“延陵挂剑”等事迹，反映了他谦让、守礼、仁义、诚信的美德。季札精通礼教，在鲁国欣赏了周代的经典音乐、诗歌、舞蹈后，联系当时的社会背景进行一一品评。这次活动影响深远。孔子题其墓曰：“呜呼有吴延陵君子之墓。”

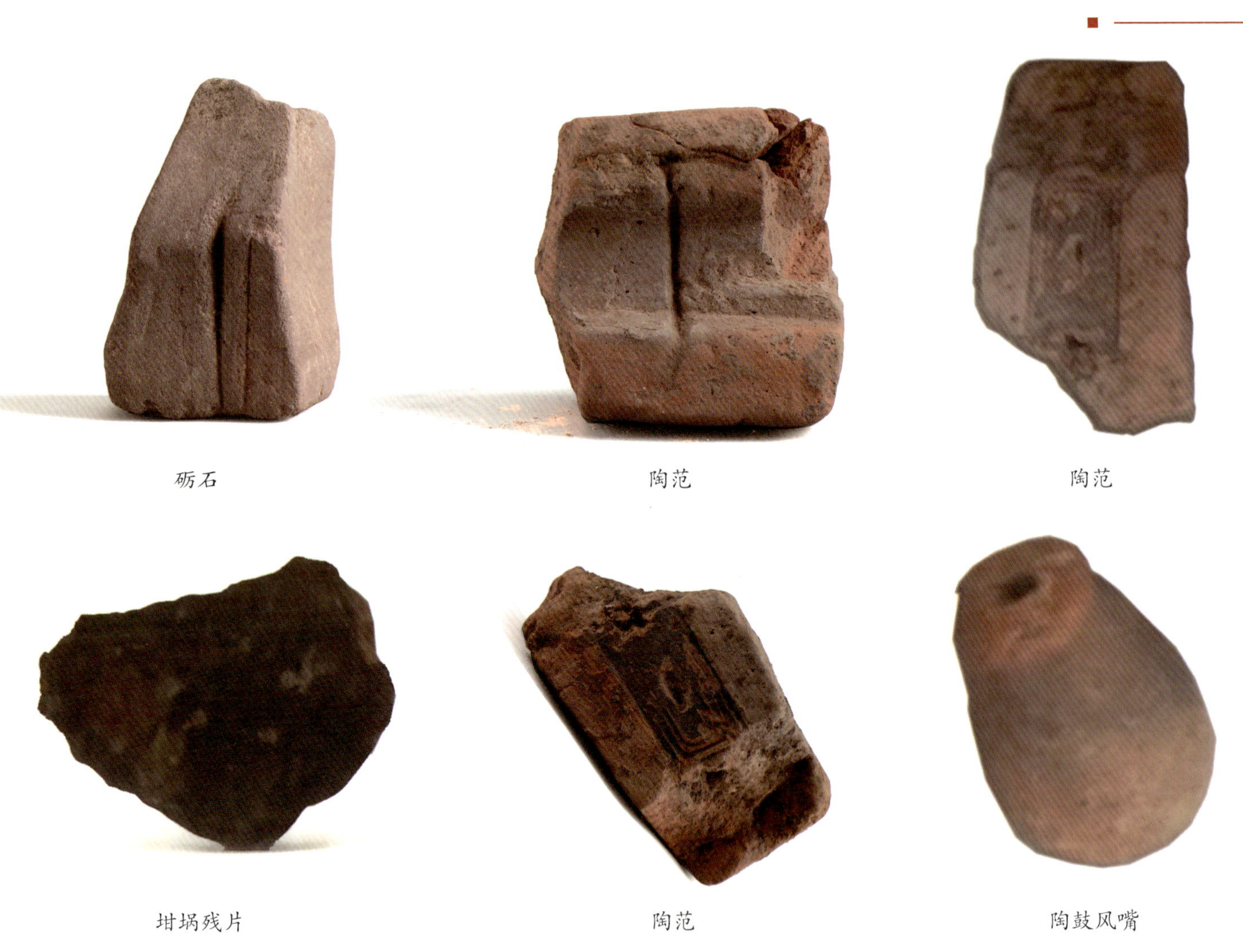

砺石　陶范　陶范

坩埚残片　陶范　陶鼓风嘴

铜刀

铜斧

铜锛

铜镞

铜镰

鼓瑟吹笙，承天遍禄；亨嘉遗范，示我周行。

【译文】弹起瑟，吹起笙，受天的各种好处；至上的品德，留下榜样，示我康庄大道。

庶子毋忘，水月蹉跎怀先圣；
苍天有灵，荆蛮教化遇泰伯。

——泰伯庙楹联

台型遗址

长江下游地区地势低平，水网纵横，先民大多选择一些较高的土墩为居住地。在长期居住中，土墩上形成了较厚的文化堆积，这种遗址被称为台型遗址。台型遗址是研究江南地区新石期时代至青铜时代的重要文化遗存。润东发现断山墩、乌龟墩、东神墩等台型遗址30多处，是商周时期江南人居最密集的地方。

断山墩是典型的台型遗址。遗址面积2万余平方米，文化层堆积丰富，多层次叠压，考古发掘发现了一批西周至春秋时期的古墓葬，获得了9具人骨架及一批动物骨骼，出土了一大批西周至春秋时期的生活用品和生产工具，生活用品中有夹砂陶和泥质陶器，包括鼎、鬲、罐、豆、尊、盆、盂等达500多件。日常生活用品的装饰纹饰非常丰富，多达几十种。主要特点如下：

1. 陶系有红陶、灰陶、硬陶及原始青瓷。红陶占总数的70%~80%。夹砂红陶多呈砖红色，主要器形有鬲、甗、甑、鼎，泥质红陶主要器形有罐、盆、钵。灰陶绝大部分为泥质陶，约占总数的15%，主要器形为盆、罐、壶、豆、盆、钵。硬陶占总数的3%左右，绝大多数器物的表面拍印有几何纹样，主要器形有罐、坛、瓶。原始青瓷约占总数的1%，主要器形有豆、碗、盂、罐。

陶系各器的比例随着时间早、晚略有变化。

2. 陶器纹路。大都拍印于泥质红陶和硬陶的器表，

断山墩台型遗址

主要有方格纹、梯格纹、雷纹、回纹、重菱纹、折线纹、叶脉纹，并出现少数特殊纹样。装饰风格除一种纹样外，还有两种或多种纹样的组合纹样。

3. 石制工具继续盛行，以条形石锋、长方形石刀和石镰为主，还有石斧、石钺、石矛、石凿等。其他生产工具还有纺轮、网坠。

4. 各层都发现了数量不多的小件青铜器，并有铸造青铜器的陶范、石范、铜锥和铜凿。

5. 居住址遗址都是长方形的，烧土面和烧土块较多，附近有柱洞。

6. 墓葬9座，均在居住址旁，除两座为成人残墓外，其余都是儿童墓葬。

根据地层叠压（打破）关系及出土陶器器形的演变状况，断山墩遗址可以划分为四期。第一期地层内出土有零星的龙山文化陶片，复原一件绳纹陶鼎，说明附近可能尚存在新石器时代地层。第一期至第三期主要器物基本一致，文化内涵一脉相承，第四期内涵和前面三期有一定程度的区别。

▼ 吴国土著荆蛮族

春秋

根据1987年镇江大港青龙山春秋大墓出土的随葬奴隶男、女青年头骨复原其容貌。左女，右男。

商周先民劳作（再现）

乃仓乃积；宜社宜民。

【**译文**】粮食堆满仓库；造福社稷，安定人民。

违亲不孝，背君不忠，敢辞瘴雨蛮烟，采药当年心最苦；
传季而王，偕仲而霸，岂意吴头楚尾，瓣香到处德维新。

——泰伯庙楹联

【注释】上联讲泰伯（太伯）南奔荆蛮，远离父母与家族。下联指泰伯（太伯）将王位让给季历（文王之父），使周朝兴旺；带着二弟仲雍开创吴国，其功德泽被后世。

孙家村发掘的先民器具

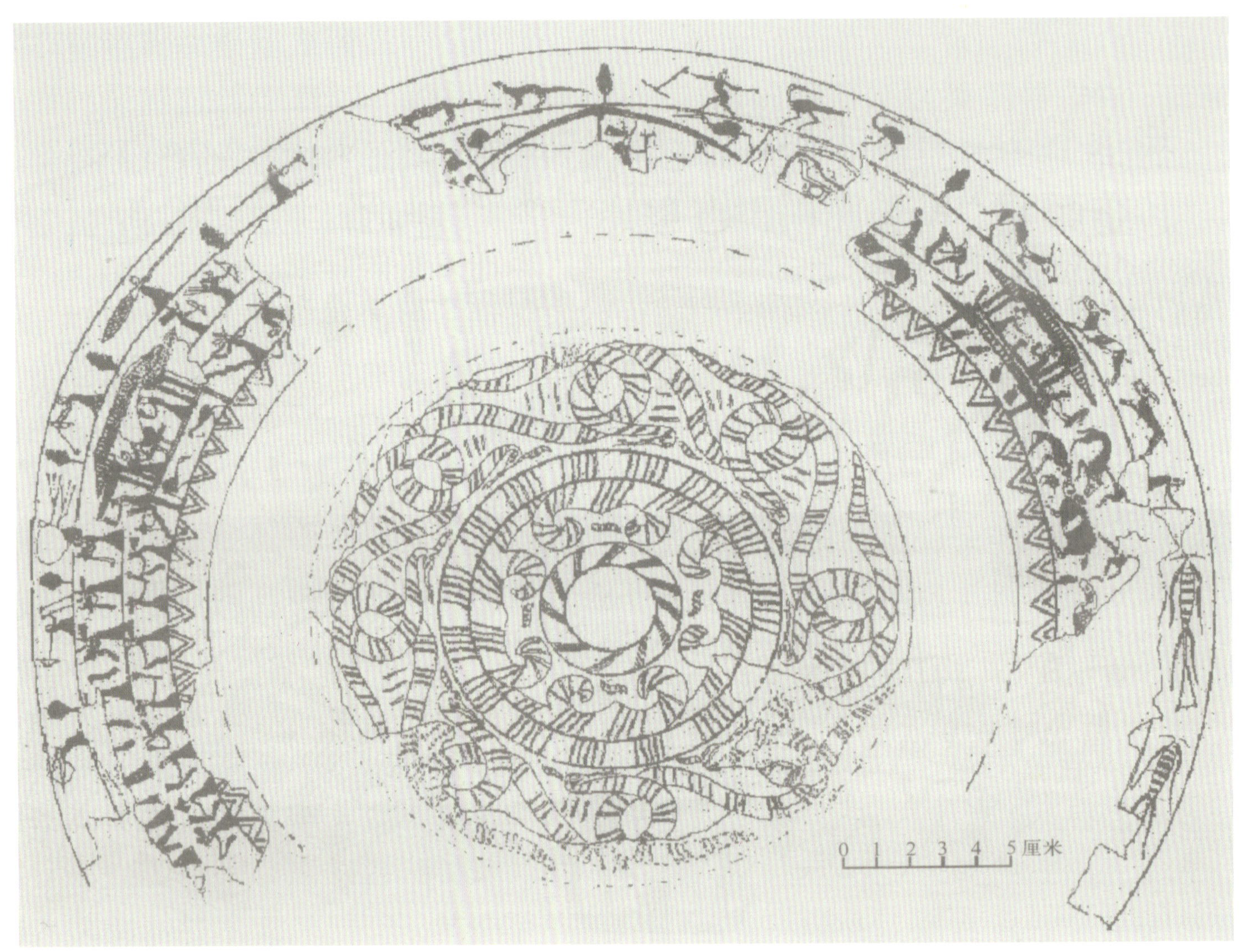

王家山出土的春秋铜匜刻画拓片

1985 年，王家山土墩墓出土青铜器、陶器和漆器残片。青铜器包括容器、杂器、乐器、兵器、车器、生产工具六类，共 102 件。其中，铜匜、铜盘上刻有宴饮图、射侯图、司鼎图、生活图、对饮图、鼎食图、渔猎图、乐舞图，生动地反映了吴国贵族与平民的生活景象。

王将仁作本；民以食为天。

克昌厥后；以福绥民。

【译文】能使子孙兴旺发达，使人民福禄常在。

国画《今人不见古时月》（吴民生活图）

八音古器，七道和弦，一点灵犀仰秣；
九派洪溪，三山叠嶂，五峰鼓瑟沉鱼。

【注释】洪溪、三山和五峰均为双关语，指镇江大港地名。

大港高山流水的传说

在春秋战国时期，楚国有一位琴师叫伯牙。伯牙自幼聪明，喜欢琴瑟，极有天赋。他拜晋国名士为师学习琴艺，满师后出入社稷礼乐，名噪一时。然而，伯牙不图虚华，企望进一步提高琴艺。他勤学苦练，竟无济于事。伯牙复问其师，师曰：“艺在技，更在道。我的先师方子春不仅精于乐技礼数，他于东海蓬莱，参契天地，感悟大道，方超凡脱俗，琴艺绝伦。”伯牙闻道：“原来如此。”便准备食物、船只前往东海，求道修行。

伯牙顺着长江，到达吴国朱方，由道士山过龟山头入海，寻得蓬莱仙岛。这仙岛好生了得，风云际会间波涛呼号，诡谲多变；星岛寂寥中龙吟凤啸，鸥啁燕啾。这里的所见所闻无不摄人心魄。伯牙得沧海洗礼、精神冶炼，臻物我两忘、琴人化一的境界，而成天下妙手。但真心能听懂他的曲子的人却越来越少。伯牙知道曲高和寡，知音难觅，便每年独自来海岛与天地对话。

国画《五峰山下湍流急》

这年，他驾舟下海，行至朱方祷祀山，眼见前面就是龟山头了，但天色将晚，便系舟驻泊祷祀山矶头——饮马墩。这龟山头是圌山扼守长江入海口的山体支脉。伯牙移目圌山，只见主峰巍峨，副峰伸展，就像两翼展开的仙鹤，面迎滚滚江水，一派雍容神圣的气象。伯牙以前出海经此本有感应，今天夕阳映照着大江和圌山，更激发灵感。只见他端坐如山，抚琴抒情，呼吸运气间指生太极，那清轻缥缈的旋律与山上瑞气相求；挑、勾、剔、打，弹出水滴叮咚；俄而，高冷玄秘之琴音转入节奏活泼、泛音宽广的旋律，见得潺潺清泉依山而下，流入轻快如歌、行云映月的大江。洋洋汤汤间，乍起连串的“猛滚、慢拂”，音调递升递降，那江流被龟山头礁石阻挡被迫转折的翻滚激荡、旋涡冲突的险象显示眼前。惊心动魄、目眩神移的高潮之后，音势流畅，连珠泛音，如同轻舟进入广阔无垠的境界。正值愉悦之情油然而生，琴兴一发不可收拾之际，一根主弦突然绷断。

伯牙惊疑，抬头四望，只见一个戴斗笠、披蓑衣的

国画《高山流水》

斫柴山人盘坐岸边。伯牙问过名姓，山人自称钟子期，喜欢听琴。伯牙一笑，不以为然，复整断弦，以尽琴兴，不想子期随曲唱道：“美哉，巍巍乎，志在高山！”伯牙惊疑，调动指法，琴音急转直下，跌岩起伏，转入如歌之旋律。子期手舞足蹈地高声唱道：“美哉，洋洋乎，志在流水！”伯牙瞠目结舌，知道遇见隐逸高人，忙把子期请到船上，香茶相陪，美酒款待，谈琴论道。

高山流水遇知音，伯牙子期相见恨晚。原来钟子期家住祷祀山集贤村，早年这一带香火旺盛，琴瑟钟鼓盛行。伯牙情不自禁地向子期说起先师方子春，钟子期答曰：“伯兄知道方师下得东海，可知子春上得高山耶？”伯牙追问其详，子期叹道：“难以言表，得上圌山循其行迹，只是今年山上香火已过，难见境况。”他们相约来年春天圌山相见。

转眼到了第二年春天，伯牙抱琴驾舟来到祷祀山，向一位白须皓首的老人问路：“请问老翁，这里可是集贤村？”老人说：“这里有上下两个集贤村，不晓得先生要找何人？”伯牙说：“找我的知音朋友钟子期。”老翁一听说是找钟子期，心酸眼红，一把鼻涕一把泪地哭道：“您莫非是那个伯牙大人，伯牙先生？可怜那痴人死不瞑目，临终要听先生弹琴呐！”伯牙一听，跌脚捶胸，呜呜大哭，跟着老翁来到子期坟头，弹琴痛哭，高山流水，呜呼哀哉，愈哭愈弹，愈弹愈哭。那山野的玩童，听见坟上弹琴甚感稀奇，叽叽嚷嚷道：“钟子期，钟子期，有人在此哭田鸡。”伯牙见之，越发伤心，高声哭唱：“瑶琴来兮凤尾寒，子期不在对谁弹？春风满面皆朋友，欲觅知音难上难。”琴弦应声而断，伯牙叹知音难续，乃系琴于坟头树上而去，终身不复弹琴。然而伯牙哪里知道，就在这大港祷祀山，山野顽童传唱子期，乡民村妇祭扫钟墓，文人骚客弄琴传说，竟代代相传，生生不息。这正是：圌山不语千秋意；扬子无弦万古情。

圌山不语千秋意；扬子无弦万古情。

换地改天，禁忌前朝王气；余风遗俗，传说社稷江山。

国画《吴楚一望在圌山》

秦始皇造“圌”字

相传在周朝，大港境内云雾缭绕，阴阳先生认为这是瑞气冲天，是出王侯将相的地方。到了秦朝，秦始皇听信谗言，便想方设法破坏大港风水。他根据“天书”造字法造出“圌”字，将大港东边的一座山命名为“圌山”，意为匡住瑞气，不让大港出王。以后“圌”字一直为国山独用。

——《大港镇志》第 444 页

丹徒地名的传说

秦始皇三十七年（前 210），观天象者说谷阳有天子气。始皇嬴政，命赭衣囚徒三千，凿京岘山修筑驰道，改谷阳为丹徒，以企败其势。

——《丹徒县志》第 2 页

圌山庙会的传说

清明后一天为黄明节。大港方言称节日名曰“wang min”，有“望绵”（遥望山西纪念介子推）、“亡命”（上山烧纸给孤魂野鬼）等传说。每当这天，四周乡民都会登山圌山烧香、踏青、游玩、会亲、赶集。

——《镇江新区志》第 692 页

江南化迹

題江南竹蹟

王民氣節門前竹

家國情懷雪後松

癸卯冬金柏撰聯并書

家国情怀，英雄气概；江南化迹，太伯流风。

——蒋光年题

家国情怀

西晋左思《三都赋·吴都赋》说：“（吴国）士有陷坚之锐，俗有节慨之风。” 此处神圣的祭祀香火陶铸出重义轻死、忠孝节义、武尚强悍的王气民风。

三国孙氏高举“吴”字大旗，南朝的宋、齐、梁在镇江经营起家，都与这里的王气民风密切相关。即便是爱情也生死不渝，“君既为侬死，独活为谁施”（《乐府诗集·南朝乐府·吴声歌·华山畿》）。这种“节慨”风气只会出现在香火浓烈的润东华山，而不会出现在吴侬软语的苏州。

王气民风由祭祀而生，古代帝王们深知其重要性。称帝后的刘裕把家乡的祭祀场所列为“淫祠”加以摧毁。建都北方的李唐同样忌惮这里的香火，唐初毁“吴楚淫祠 1700 余所”；长庆二年（822）再毁镇江“淫祠”1000 余所。而受北方威胁的宋徽宗则寄希望于镇江的香火，赐名大港仁静观为“华阳观”。

润东的祭祀传统根深蒂固。比如大港抗日战争前，圌山有寺庙观庵 40 余处，大港镇 41 平方千米的辖区内有寺庙道观 69 座。《江苏省城市一级古树名木名录》记载，祭祀场所的古银杏镇江有 71 棵、苏州有 25 棵、扬州有 25 棵、南京有 16 棵。这其中，大港及周邻四镇就占 36 棵，江苏没有任何一个地方的祭祀场所像大港这么密集。浓烈的香火熏陶着王气民风，铸就家国情怀。

镇江新区儒里张氏宗祠香鼎

江苏省文物保护单位

圌山庙会——登山

清明翌日，是圌山庙会。圌山乡民及四周的镇江市区、扬州、泰州、常州群众都来赶会登山。

南渡开枝光旧德；东居作庙续新香。

【译文】南渡移民继承润东优良的道德风尚；在东乡建立庙堂，虔诚献祭。

土谷祭祀、王民社稷与家国情怀有着内在联系。大港有座宗祠叫“文武庙”，里面不但供奉着赵氏先祖、还供奉着文殊菩萨和岳飞。无独有偶，大港东岳庙里也同时供奉着韩世忠与岳飞。这两座庙反映了大港人的家国情怀。

自宋代中国政治经济中心南移后，扼守扬子江的大港圌山关成为兵家必争之地。每当江山社稷发生危机，大港地域的乡民都以强烈的家国情怀投入到爱国战事中，在南宋随韩世忠抗金、在扬子江畔支援张世杰水军抗元，在明代随齐恩抗倭、随张煌言抗清，在清代齐心抗英，更在辛亥革命与抗日战争中谱写了可歌可泣的壮丽诗篇。恩格斯高度评价了镇江军民的抗英功绩：“如果英军在各地都遭到同样的抵抗，他们就不会到达南京。”

鸦片战争后，圌山“王民日子”的香火日隆。在清明翌日的登山节日，大港及周边的乡民成群结队登圌山，他们焚香祭祀、凭吊遗址，放眼江山，抒发家国情怀。

秩秩斯干，鸟鼠攸去，风雨攸除，于豆于登，修其享祀；
明明我祖，既勤垣墉，既勤朴斫，有典有则，贻厥子孙。

——赵曾望题大港赵氏宗祠

【注释】

秩秩斯干：长满草木的河岸。

鸟鼠攸去，风雨攸除：远离了鸟兽老鼠的侵扰，从此不再忧虑那雨和风。

于豆于登：祭祀食品高高地盛起，有的盛入豆，有的盛入登。

豆：古代食器，亦用作装酒肉的祭器。形似高足盘，大多有盖。多为陶质，也有用青铜、木、竹制成的。

登：古代祭器，陶瓦质。

修其享祀：修，置办。享祀，祭祀。

明明我祖：明智的祖先。

垣墉：墙。

朴斫：砍斫；削治。

有典有则：有制度、有法则可供依据。

贻厥子孙：遗留给他的子孙后代。

【译文】

长满草木的河岸，远离了鸟兽老鼠的侵扰，从此不再忧虑那雨和风。祭祀食品高高地盛满豆和登，置办好祭祀。

我们明智的祖先，勤于建设家室，勤于劳作，设立典型法则，遗留给他们的子孙后代。

大港赵氏

大港是扬子江南岸的一座闻名遐迩的古镇，北面横贯波涛汹涌的长江，东、西、南三面都连接着起伏的山岗。宋人陈亮说镇江是“一水横陈，连岗三面，做出争雄势”。宋人汪藻说这里“气概之雄，形势之险，实足以控制大江南北”。这样的地理形势，在军事正是进可攻、退可守，足以与北方强敌争雄的险要之地。建炎三年（1129），大港成为韩世忠大军的重要基地，村落被大军征用，逐渐形成抗金的“教场”、“营里”与“军港”。

南渡的赵子褫随南外宗正司迁至镇江，住在大港洪溪，三年间耳闻目睹，对大港的乡民香火精神高度认同。赵子褫选择在这里定居，寄托了恢复中原的期望。绍兴二年（1132），宋金议和后，宋高宗授赵子褫为“朝散大夫”，将大港军营腾出的地方赐给他“以为食邑”，当然也有以备军用之意。

八百年聚族于斯，宋室同传宗室表；二千石分符到此，明州来拜润州祠。

——清镇江知府赵佑宸（宁波人）题大港赵氏宗祠联

【注释】

二千石：汉朝制度，郡守俸禄为二千石，即月俸百二十斛。世因称郡守为『二千石』。

分符：犹剖符。谓帝王封官授爵，分与官员符节的一半作为信物。唐孟浩然《送韩使君除洪州都曹》诗：『述职抚荆衡，分符袭宠荣。』

明州：宁波在唐时称明州。

【译文】

八百年聚集族人在这里，宋朝宗室后裔共同留传皇家《宗室表》。担任俸禄为二千石的地方官来此地任职，宁波宗亲来拜镇江宗祠。

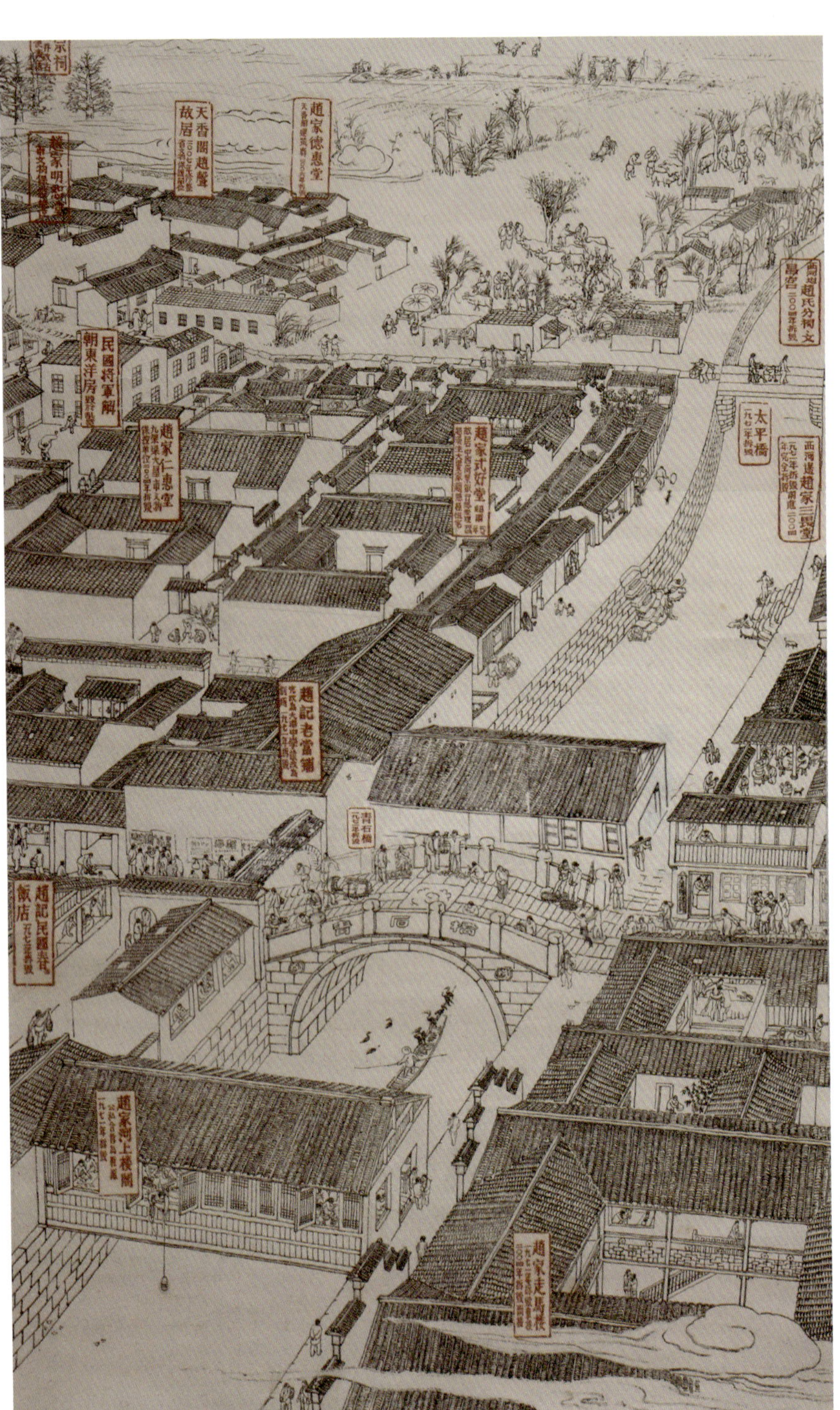

国画《大港古镇一隅》

大港赵氏谱牒中，常将大港地名“洪溪”写作“鸿溪”。这个“鸿”字，反映了赵子褫不忘恢复故国的心志。“绍兴十五年魏王七世孙、工部尚书赵彦逾知镇江府军事，疏荐公（赵子褫）于朝，公称疾不起”（李廷机《宋朝散大夫赵公子褫配戴氏仲氏合葬墓志铭》）。笔者虽然不知大港沿江一带的三江营、韩阙、圌山关、下令、寨上、韩桥、东烟墩山、营里、教场、豁子口（港口）、车碾口（山门）、西烟墩山、黄港、海船山、粮山等地曾留下多少赵子褫的足迹，但是从这些有着抗金烙印的地名可以想见赵子褫既不肯到大后方，也不肯到临安为官而一心抗战的意志。

赵子褫十分希望能跟随王师北伐有所作为，但未能如愿，临终嘱咐亲友将其葬在车碾口面向北方的山坡上。赵子褫面北而葬，遥望故国中原，把热爱故国、发愤图强的精神永远地标树在大港的山坡上。这位大港赵氏始祖的陵墓与赵声故居

虽有周亲，不如我同姓；谁谓宋远，率乃祖攸行。

——清镇江知府赵佑宸（宁波人）题大港赵氏宗祠联

【注释】

虽：发语词，无意义。

周亲：至亲。

不如我同姓：不如我同族互相关照。

谁谓宋远：《诗经·国风·卫风·河广》：“谁谓河广？一苇杭之。谁谓宋远？跂予望之。谁谓河广？曾不容刀。谁谓宋远？曾不崇朝。”

率乃祖攸行：《尚书·商书·太甲上》：“伊尹乃言曰：‘先王昧爽丕显，坐以待旦。旁求俊彦，启迪后人，无越厥命以自覆。慎乃俭德，惟怀永图。若虞机张，往省括于度则释。钦厥止，率乃祖攸行，惟朕以怿，万世有辞’。”

【译文】

虽有至亲，不如我同族同姓；谁说宋朝远，遵行祖先的行为准则。

江苏省文物保护单位——赵子褫墓

傧尔笾，柔尔顺，敬慎威仪，云胡不喜；
齐乃位，度乃口，聪听彝训，其永无愆。

——赵曾望题大港赵氏宗祠

【注释】

傧尔笾：摆好佳肴。

笾豆：笾和豆，古代祭祀及宴会时常用的两种礼器。竹制为笾，木制为豆。

柔尔顺：当是“柔尔颜”，指脸色要和善温柔。

敬慎威仪：恭敬谨慎的态度及庄重的仪容举止。

云胡不喜：还有什么不高兴呢？怎么会不高兴呢？

齐乃位，度乃口：你们应该努力做好分内的事，不许乱说乱讲。

度：通“杜”，杜塞，封闭。

聪听彝训：一定要很好地听取祖先留下的教训。

聪听：明于听取；明于辨察。聪：感觉敏锐。

彝训：日常的训诫，也指长辈对后辈的教诲、训诫。

其永无愆：希望永远不犯过错。

【译文】

摆好佳肴，柔和脸色，敬慎仪容，怎能不高兴？

努力做好分内事，不乱言语，明于听取祖先的训诫。

同在2011年被列为江苏省文物保护单位。

南宋中，赵子褫之玄孙、右武大夫赵与垄之子“重建（大港）东岳庙上、中殿”（《赵氏族谱》卷六《历世支行年表录》），在享殿为岳飞、韩世忠塑像。南宋末，大港赵氏在“镇之西北二隅既立汉寿亭侯祠（关帝庙）以倡义勇”（《重修东岳庙碑记》）。如今，关公祠前两棵七百余年的银杏树下依然香火不绝。南宋后，大港赵氏在由宗室走向平民的过程中，不忘“太祖遗训”中“修厥德”“晓诗书”（《赵氏族谱》卷一《赵氏文翕分谱》）的要求，铭记大港始祖遗志，在历史的磨砺中，将赵宋宗室优良的文化传统与大港的吴文化融合，形成了家国情怀与道义担当相结合的家训文化。

《赵氏族谱》收录了《希真子传》与《希真楼记》，希真是大港赵氏始祖的八世孙赵顺齐。传记记载，希真公“早从诸名师，游群经子史”，“永乐初，诏求贤才，有司以为荐，固辞不就”。他“以诗书礼乐相承……力本务农，不事浮末，思贤为人富而好礼且倜傥，有大志，慷慨尚义气，延师儒训乡之子弟，割廪帑，济人之困”。大港赵氏把希真的传记铭刻在族谱之上，是总结、倡导和传承一种道义担当、人格独立、诗书传家的文化精神。

大港经过南宋时期的经营，形成了集镇雏形。明代，大港繁荣昌盛，据大港《赵氏族谱》记载，人口数量超过4000。一个“大港人本姓赵”的古镇已经形成。笔者所见过的大港基本格局是：东西长约四里，南北宽一里多。古镇街道与大港河构成“卍”字形状。河上有青石桥、太平桥、洗钵桥、人顶桥、小桥、三步两桥等桥梁。大港的街巷里弄纵横交错，井井有条。大街主街道是东街与西街，小街主要有南街、沙街与残存的北街。青石桥跨越大港河把东街与西街连在一起，桥头东侧有一个大券门，桥心是雕着图案的一米见方的青石。以青石桥

同人于宗，盖取诸萃；约我以礼，是谓之文。

——赵曾望题大港赵氏宗祠

【译文】

同宗人和睦相处，大盖是取义于《萃》卦。
用礼节对待（约束）我，这可以称为文。

【注释】

同人：卦名，离下乾上。意为与同宗人和协、求同。《周易·同人》：“同人于野，亨。”《孔颖达疏》：“同人，谓和同于人。”朱熹本义：“与人同也。”《周易·同人卦》：“六二。同人于宗，吝。象曰：同人于宗，吝道也。”

萃：卦名。六十四卦之一，坤下兑上。《周易·萃》：“萃，亨。”《孔颖达疏》：“萃，卦名也。”

约我以礼：用应有的礼节加以接待。《论语·子罕》：“颜渊喟然叹曰：‘仰之弥高，钻之弥坚；瞻之在前，忽焉在后。夫子循循然善诱人。博我以文，约我以礼。欲罢不能。’”

是谓之文：这就可以称为文了。《论语·公冶长》：“敏而好学，不耻下问，是以谓之文也。”

为中心的十字区域是最繁华的地段。大街上有大丰钱庄、洪源布店、万通烟店、种德堂药店、恒大酱园、天陞东茶食店、恒升杂货店、万源地货、京甫南北货、德宏照相、周博士诊所、金山号娱乐场、民国春酒馆和万华春酒馆，此外还有小财子肉铺、小牛子旧货店、陈姥姥染布店、理发店、裁缝店、铁匠店、木匠店、豆腐店、五金店、陶瓷店、剃头店等。这些店铺作坊后来都实行公私合营，桥东与桥西私营的茶馆老虎灶直到20世纪末才消失。老早还有益泰典当、肉店、粮行、洋画店、鱼行、老大门木材店、石灰行等。青石桥头的老当铺是硕大无比的合体房屋，新中国成立后先改为中学，后改为演戏的剧场，设有东厢、西厢、后厢楼座。这个剧场给笔者留下深刻印象的是孙悟空忽然从天而降的木偶戏。青石桥两侧，是悬空架于河上的老店，一座是羊肉店，另一座是鞋衣店。

全镇有108堂，赵绍甫家的“式好堂”出了不少名人。赵绍甫与赵声一道投考江南水师学堂，参加辛亥革命，其子赵汉生为银行家，其孙赵无极是世界著名画家。

大港八大门是老大门、铁叶大门、竹子大门、砖头大门、旗杆大门、八卦大门、元宝大门和牛市大门。

大港赵氏文化的核心精神在家谱中可见一斑。大港赵氏铭记太祖遗训，在历史的实践中彰显遗训中“晓诗书”的文化内涵。诗书是道化的人文学说与艺术，诗书艺术连接天道与心性，连接意象与义理，通诗书可通文化、明道义、铸人格。这一文化涵义，积淀凝聚在大港赵氏的日常生活中，形成了大港赵氏独有的家训文化。

拥抱长江深水港的大港古镇
（20世纪末的卫星照片）

源远流长，书香府第；才高德厚，贤达华章。

——蒋光年题殷氏祠堂

江左之殷，断自宋南渡右武大夫秉常公为始迁初祖，而华墅则由二世卜居其里。四世立公始自华墅迁麒麟，章公迁姚巷，宗贤公迁黄墟。六世恂公迁歙之上里。七世谅公迁常州之北门。九世洹公迁虞港。四世忠惠之子方三公始迁留村。

留村殷氏宗祠

留村殷氏宗祠

留村殷氏

《润东留村殷氏族谱》载，留村殷氏始祖为南宋右武大夫秉常公。其子自大港迁至丁岗华墅。第五世殷容公再迁居于丁岗留村，建立殷氏宗祠。殷氏祠堂位于丁岗镇留村东面村头。

殷氏宗祠始建于明洪武初年（约1370），堂号为“伦叙堂”。清康熙十二年（1673）原地扩建，咸丰十年（1860）兵燹被毁，同治十年（1871）重建，并利用祠舍办起学堂，直至新中国成立。

1967年“文革”初期，殷氏宗祠遭到严重破坏。1977年又遭强风袭击，祠屋基本全毁。2003年4月，南京族人殷寿源等倡议并出资80余万元，请专家按原貌设计重建，后于2004年8月竣工。新建成的殷氏宗祠仍为校、祠并用，前后两进，坐北朝南。前进五间平房，高大宽敞，朴素典雅。门堂东墙立有“重建留村殷氏宗祠碑记”刻石，中为天井，天井两侧改厢为廊，可直接正厅。正厅三大间，正中后延建有舞台，正厅两侧为厢房，入厢有户，前有庭院，植以翠竹。正厅后为后院，后院北建有一排平房，现作村两委办公之用。

2007年秋，学校撤并，房屋为村委会所用，大厅成为村民活动中心。同年12月，留村殷氏宗祠被列为镇江市文物保护单位。

（赵俊梧）

丁岗孙氏宗祠

丁岗孙氏

丁岗孙氏始迁祖孙法系孙权后裔，南宋初南迁至此落户生根、开枝散叶、繁衍子孙，至今已历30余代。

宗祠位于镇江新区丁岗镇观音街988号，也称永思堂。现永思堂后进屋顶自然损坏严重，东面的厢房毁于大火；西边的厢房尚存，已经过改造；正厅两边房屋是残垣断壁，岌岌可危。

在永思堂正厅墙边，放置着一块用红布包裹的石碑，这块碑是2016年2月25日在宗祠庭院内挖出的，高180厘米、宽90厘米、厚18厘米，系清乾隆四十五年（1780）祀立。碑文有1864个字，记载内容有：丁岗孙氏始祖文式公孙法，受封任光禄大夫，南宋初迁居丁岗并建祠立庙，拥有房产52间、田地158亩，以及孙氏族规家训等。

孙法家族在抗金卫宋的斗争中立下大功。其曾祖父孙翊、伯祖父孙傅、祖父孙信都为抗金而死。其父亲孙晖在掩护皇帝、文武百官过江到镇江后，继续镇守扬州，终因势孤粮尽独立难支，在金兵攻陷扬州时，焚香南拜，自尽于扬州敕书楼。

高宗在给孙法及其子孙镐的诰命中，对孙晖以身殉职给予极高评价，特追封孙晖为崇武侯，敕取骨骸厚葬镇江招隐寺，赐田百顷于润东丁岗。此后，孙法遂从京口（镇江）迁居丁岗，并建祠祭祀先祖。高宗因孙法曾祖父、祖父、父亲的功德，封孙法为光禄大夫和礼部侍郎。孙法以伯祖父孙傅家蓄资料，首修《孙氏宗谱》，

两赋名留华夏；三孙威震神州。

——孙氏宗祠楹联

【注释】两赋：东晋著名女文学家孙琼著有《悼恨赋》《箜篌赋》。三孙：三国孙坚、孙策、孙权。

本溯东吴脉绪；永思白鹤流芳。

【注释】追溯、继承东吴先帝的功业、精神和文化。丁岗孙氏宗祠名"永思堂"，门楼上有"白鹤流芳"石额。传孙权祖父孙钟隐居不仕，种瓜于白鹤山，死即葬其地。

丁岗孙氏宗祠

详细记述了孙氏英雄可歌可泣的事迹，以宣示和教育后人。南宋名将岳飞看后深受感动，郑重题字"至宝"。宋昭庆节度使韩世忠郑重题字"孙氏族谱之宝"。

据了解，新中国成立前的孙氏宗祠"永思堂"，既是孙氏家族祭祀、议事的场所，也是培育孙氏子孙的私塾学堂。新中国成立后，永思堂成为丁岗村村办小学和村办企业用房。2015 年 8 月，丁岗村孙氏族人和村民为保护古建筑成立了"丁岗村古文化保护协会"。全体会员自愿捐资，已投入数万元修缮房屋，并轮流值班，履行依法依规保护古建筑的职责和义务。

（赵俊梧）

朝堂辅政，一代两名臣，铨部兵曹，咸抱卿材绳祖武；
琐闼输忠，百年三谔士，谏章议草，久贻直道裕孙谋。

——解氏宗祠楹联

【译文】身居朝堂，一代两名臣执掌吏部、兵部，继承祖先的遗志，都怀抱着出众的才能；辅佐朝政，百年三诤臣奏章直言进谏，遗留给子孙的教导皆为正直处世的道理。（赵俊梧）

葛村解氏

葛村的“葛”字与先秦勾吴国的“勾”字，方言音同。村北有省文物保护单位、勾吴贵族的魏家墩土墩墓；村东南是勾吴先民的文昌阁聚落遗址。葛村与南面的勾吴都城——葛城一样，都名“葛”，且都源于勾吴之“勾”。葛村村名早在初唐的《唐魏法师碑》上就可看到。

葛村现在的居民多姓解，其家谱记载：南宋初，葛村解姓始祖解寿辉扈从高宗南渡，从山东省滋阳县（今山东省兖州市）葛村迁到镇江城东一个名叫蓝野的地方，将这个地方更名为葛村，以示不忘故土。这与《唐魏法师碑》对葛村的记载不同，且迟于《唐魏法师碑》约500年。这其中的差异可能隐含着巨大的历史秘密。

葛村保留有大量的明清古建筑，村中解氏宗祠建于明景泰年间，现为市级文物保护单位。葛村存有镇江地区唯一的古井井神石雕。村中文昌阁前的两棵古银杏树相传为刘基手植。每年农历的二月初八、四月十六、七月二十六是葛村庙会。

葛村解氏宗祠

葛村解氏宗祠

椒衍瓜绵，京邑东乡旧族；
蛟腾凤起，建炎南渡名家。

——解氏宗祠楹联

【译文】像椒实累累、瓜藤蜿蜒一样，繁衍昌盛，人丁兴旺，是大宋臣民世族；像蛟龙腾跃、凤凰起舞一样，人才济济，各显其能，是建炎扈从南渡的名族。（赵俊梧）

姓氏肇河东，竹帛书勋永垂燕翼；
人文蔚江左，簪缨从美世荷龙光。

——解氏宗祠楹联

【译文】姓氏宗族始自山西省西南部，辅佐治国的功勋永垂青史；人文教化彰显长江下游南岸，世代做官、居高不傲的优良品质世代承受着扈从高宗的荣光。（赵俊梧）

儒里朱氏宗祠

数行仁义事；长存忠孝心。

——朱氏宗祠楹联

儒里朱氏

儒里居民以朱姓为主。《朱氏宗谱》载，儒里朱姓族人是宋代理学家朱熹的后代。元末，在山东任提刑的朱文通（朱熹第八代孙）到江南办差，因路途遥远，加之其父从湖州竹墩迁居镇江焦山，故而不愿再返山东，便在这片荒芜的江滩上围堤造田，安家立业，遂称“围里”，后写作“圩里”。朱文通即为朱氏圩里始祖。随着子孙繁衍，朱氏人口增多，形成村落，外人便称此地为朱家圩。朱氏子孙勤耕苦读，得功名者众多，又是朱文公朱熹的后裔，因此，圩里被认为是“儒人之故里”，“圩里”遂改为“儒里”。

儒里朱氏宗祠始建于明末，坐东朝西，三开间两进。清康熙二十五年（1686）朱氏宗祠扩建，后年久失修。自 2002 年始，由民间组织、集资、操作，历时三年，完成了两期修缮工程，现为三进 17 间，占地面积 1100 平方米。若连同双券门、大照壁和治墅园占地面积共 1400 平方米。朱氏宗祠第一进的门厅面阔五间，对面为大照壁。第二进门楼上有两块横额石，外刻“紫阳世泽”，里刻“虹井流芳”。祠堂第二进为祭堂，第三进为享堂。目前祠内拥有康熙御书“学达性天”匾、朱熹遗墨抱柱楹联、朱柏庐手迹《治家格言》大屏木刻、古

派衍新安，世宗紫阳家法；
支蕃古润，人传白鹿遗规。

——朱氏宗祠

【译文】祖籍新安（徽州），世世代代尊崇朱熹（号紫阳）制定的家族守则；支派繁衍于润州（镇江），人人传承朱熹老夫子（办白鹿洞书院）遗留的教育规范。（赵俊梧）

井一口（小虹井）、含义丰富的“孝字”碑、3.2 吨重汉白玉文公立像、巨型玉雕宝塔等。2011 年 12 月，朱氏宗祠被列为第七批江苏省文物保护单位。

儒里于 2013 年获得“中国传统村落”称号，2015 年被江苏省住房和城乡建设厅和《光明日报》评为“最具内涵和特色的十大江南传统村落”。2017 年，江苏省政府批准认定儒里村为第八批江苏省历史文化名村。儒里还是国家森林乡村、江苏省传统村落、江苏省新农村建设示范村、江苏省法治建设示范村、江苏省社会主义新农村建设先进村、中华诗教先进单位、江苏省文明村和江苏省三星级康居村。

儒里朱氏宗祠

夹沟（儒里）张氏宗祠

夹沟张氏

据张氏“世表谱”记载，敦睦堂一世祖为汉代落迹江东的张睦。传说，至明代，儒里张祠始迁祖张贺和张衡两兄弟在朝中当差官，因误公差而避罪于现今的儒里爵家村西，后落地生根，繁衍生息。故夹沟村张氏敦睦堂迁始祖是张贺，称贺三公。由于舅家姓朱，后张衡便改为朱姓，进入朱姓族祠，为一世先祖衡四公。由于血缘关系，儒里有一个传说，就是朱、张两家世世代代称老表。

张氏宗祠位于大港姚桥夹沟村（现兴隆村）村东。宗祠始建于明朝景泰年间（1450—1456），取名“敦睦堂”，为二进六间。清光绪年间（1875—1908）易地重建，并扩大为三进四厢，楠木结构，雕梁画栋，气势恢宏。后历经沧桑，因年久失修，呈现出屋漏、残损、檐墙坍塌的衰败景象。1998 年，张淦玉、吴晨阳等发起民间集资，修复宗祠。经修复的宗祠于 2012 年底开放。

修复后的张祠仍为徽派建筑，坐北朝南，占地面积 6000 多平方米，建筑面积 1336 平方米。房屋结构严谨，布局前低后高，寓意步步高升。门前是一片广场，东侧有两棵古银杏树，枝繁叶茂，南侧有石驳荷花池塘，波光粼粼。

张氏宗祠为江苏省级文物保护单位。

（赵俊梧）

日月行天，忠烈流芳百世；
江山磐石，英雄伟业千秋。

——张氏宗祠楹联

紫气留千古；丹心照万年。

——张氏宗祠楹联

守孝不知红日落；思亲常望白云飞。

——张氏宗祠楹联

夹沟（儒里）张氏宗祠

下令吴氏宗祠（已拆迁）

下令吴氏

吴氏谱载，“润东下令吴氏”始于吴英，认君子季札为吴氏共祖，其后繁衍播迁润东各地。下令指今五峰山、圌山、横山、烟墩山合围的吴家墩和韩桥一带。

世家第一；至德让三。

——吴氏宗祠楹联

【注释】《史记》将吴姓列为世家第一。孔子称吴太伯“至德”，太伯被后人奉为“至德让三”。

瓜瓞绵绵，泰伯筑基根在此；
螽斯振振，子孙守土本于斯。

【注释】瓞：小瓜。绵绵：延续不断。瓜瓞绵绵：如同一根连绵不断的藤上结了许多大大小小的瓜。螽斯：一种昆虫，繁殖能力特别强。

木有本兮，根盘安定；枝其沃也，花发上林。

——席氏宗祠楹联

【注释】安定：古地名。上林：又名“上令”，即今席家村。

虞以上曰陶唐，承一脉渊源，周为杜、晋为籍、楚为席，由兹繁衍盈天下；

汉之初显安定，择各都形胜，唐迁汴、宋迁徽、元迁润，允矣欣荣卜上林。

——席氏宗祠楹联

上林（上令）席氏

上林席氏始迁祖为避元至正之乱，从关中安定南迁，卜居在三面被五峰山、圌山、横山、烟墩山合围，一面为扬子江天堑的上令。上令后改名为上林。

上林（上令）席氏宗祠（已拆迁）

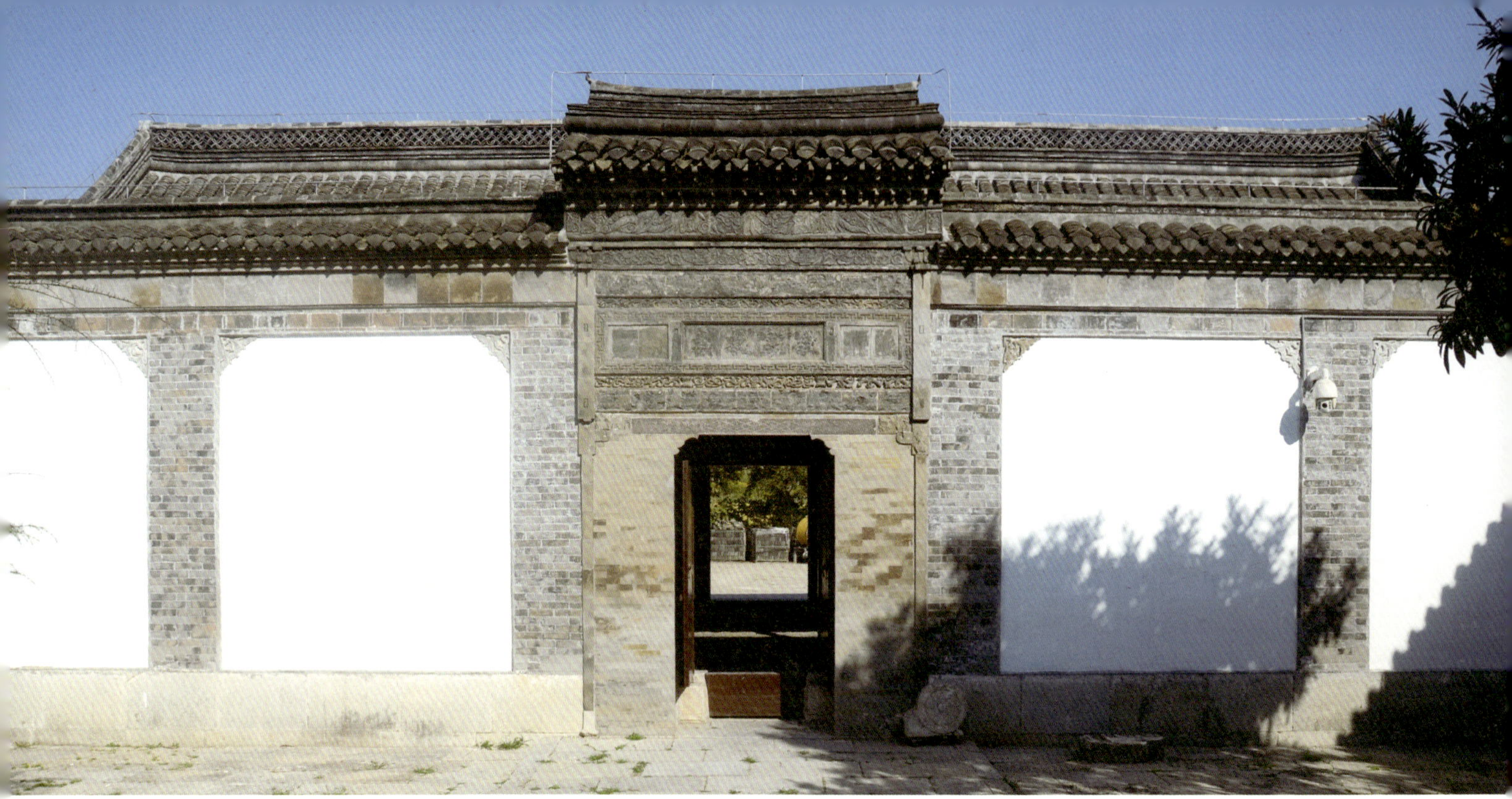

崇贤里王氏宗祠

崇贤王氏

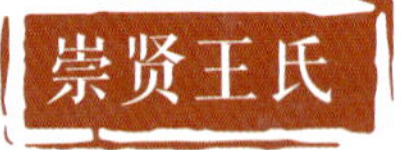

崇贤里王氏“家世昇州，系出太原”。迨至宋端拱至道间有思联公者，“挟书籍谱牒游学闽越，还至润州，馆于圌南之杜桥，视此地风气淳厚，人多近古，旋筑室定居于此，自名其地曰‘崇贤里’”。（《润东崇贤里王氏族谱》卷一《王氏初辑家谱序》）

依德家声远；崇贤世泽长。

——王氏宗祠楹联

文昭武穆光宗祖，嘉德懿行训子孙。

——王氏宗祠楹联

封鲁邑以从先，祀典特隆于宋国；
续江陵之遗绪，孙谋永翼于朱方。

——唐氏宗祠楹联

【注释】朱方：指镇江。

【译文】先祖封于鲁地，祭祀的香火隆重于原先的宋国；继承江陵先人的遗产，为子孙发展筹划未来。

润东唐氏

唐氏随宋子方公的曾孙崇德公，从岳武穆南徙家于古润州，其子忠济高宗朝官拜枢密长史，随驾临安。未几，以父丧去官，因国步多艰，遂同从兄学诗徙居丹阳，为陈山肇基之祖，其后圖南公迁唐巷，迁一公迁开沙。十一世孙文一公由开沙居圖东之黄团沙，随着子孙繁衍，居地逼仄，又迁江左之当沙。

韩桥（下令）唐氏就是开沙唐氏迁移过来的。此地宗氏娶了开沙唐氏，后由于开沙坍塌无法居住，江唐氏遂投靠宗氏亲戚，搬迁至这里定居。新中国成立后，宗姓仅有一家，而唐姓繁衍兴旺，地名也变成唐湾。

润东唐氏宗祠（已拆迁）

重道崇文，耕读传家滋厚德；依山傍水，田桥贻谷寄清风。

田桥田氏

田桥田氏是柳湖田氏之分派。宋室南渡，侍御史谏议大夫锡公之裔，承事公始迁于润东柳湖。元明间或迁江北、金陵、毗陵暨楚中等地。居润郡者，于镇城、于圌东皆称“柳湖田氏”。

明朝中期，顾氏与柳湖田氏相继迁到圌东田桥，后田桥以田氏为主，并相继建起义笏堂、敦厚堂、乐善堂、树德堂、余庆堂、贻穀堂……近十座大宅院。

武举人田庆荣所建的贻穀堂主宅八间三进，并于1946年创建“镇江圌滨镇田桥小学”，现为田桥历史文化展示馆。

田桥田氏贻穀堂

雩南陆氏民宅

陆家湾，砖桥头，大港尊亲一脉；东吴将，南宋相，江东忠烈同宗。

润东陆氏

陆氏为江东望族。谱载：东吴大都督陆逊与南宋左丞相陆秀夫一脉相承，同为江东陆氏。《润东陆氏族谱》载：大港陆家湾陆氏与小大港砖桥头陆氏为陆秀夫族裔。盐城景忠堂《陆氏宗谱》载，陆秀夫唯一存世的儿子陆繇写的《传信本纪》说："宋绍定三年（1230）庚寅，有寇李全水陆数万径捣盐城，戍将陈益楼、知县陈遇俱遁去。时军民惊恐，亦各逃窜。吾祖大荣公（陆秀夫之父）闻得知镇江府赵范、知滁州赵葵合兵攻全，进取有方，保安百姓。大荣祖即挈家大小往依之，遂家于镇江丹徒之砖桥地方，至端平三年（1236）丙申岁三月初三卯时，先君秀夫生。"

《海国孤忠——宋朝末代宰相陆秀夫传》说，陆秀夫的父亲带着一家人到镇江后，赶往朱方镇，投奔堂舅赵士诚。赵士诚即大港赵氏四世祖赵希澄。

虎节镇圌江，赤胆精忠，一塔横秋，遥见中流砥柱；
龙泉昭润派，怀清履洁，五峰拓月，常看大海朝东。

——孙家塘孙氏宗谱

著述本儒宗，宋史班班溯清声，直见五峰临绝顶；
忠勋居国士，吴江赫赫标劲节，还如一塔现中流。

——孙家塘孙氏宗谱

孙家塘孙氏

根据《圌麓孙氏族谱》载：孙昭为宋朝名臣孙傅的三子，被封为健武侯，任金陵常镇等处宣抚使。宋建炎三年（1129），孙昭在圌山东北之阳“破潭”筑室，修有马路直通“辑阙”古道，潭旁建龙王庙。二十五世后，孙氏族人相继建起培德（善）堂等七座大宅院。龙王庙后改成大路镇“武桥农中”。

孙家塘孙氏民宅

烟雨楼台

國山香火吳王氣

煙雨樓臺土穀風

癸卯端午

金柏題東鄉宗教文化聯并書

烟雨楼台，堪开胜境；清幽寺观，可见风情。

——蒋光年题

半山土地庙（历史照片）

“宗土”宗教

宜侯夨簋铭文记载的三千年前的圌山“宗土”祭祀，是镇江新区地域的宗教源头。其有三个特点，一是农神至上，二是神、道、佛一堂，三是有世俗色彩。

秦统一中国后，大港祭祀传统中带有吴国“宗土”王气的内容被列为禁忌，以后稷为祭祀核心的“宗土”庙被废黜为民间的土地庙，土谷农神改头换面变成了“土地公、土地婆”。“敬公公田苗茂盛；谢娘娘五谷丰登”，今天大港土地庙的对联依然不离土谷，规制也继承了高大上的传统。大港的姜湾、柳湖与圌山都有大型土地庙。姜湾的土地庙在20世纪中叶改为小学用房。建于废墟上的圌山“半山土地庙”（即西林寺）有楼房五进。据说，“半山土地庙”始建于三国时期。唐代时，东岳庙建于土地庙旁，南唐、南宋与明代重建、扩建东岳庙时保留了土地庙，形成了如今的庙中之庙的奇观。

汉代后，佛教、道教进入大港，逐渐融入土谷世俗的烟火气中。在大港最古老的“半山土地庙”、华阳观、东霞寺中，土谷神、道神仙、佛菩萨供于一室。每年农历三月廿八的大港东岳庙会热闹的像办喜事一样，乡民们会把镇东的东岳大帝抬到镇西的关帝庙，让他与前妻相会。传说东岳大帝与关帝打赌，把老婆输给了关帝，两人约定在每年东岳大帝生日时可与前妻重叙旧情，这一延续至今的风俗表现出强烈的世俗色彩。

南朝寺庙多，楼台烟雨缘何处？
大港香火盛，王气氤氲贯古今。

香火王气

在宗教产生以前，中国民间就有祭祖先、祭天地、祭鬼神的活动，其活动场所称为祠庙。祭祀有着浓烈的政治色彩，《礼记·祭统》曰：“治人之道，莫急于礼；礼有五经，莫重于祭。”吴国以土谷祭祀凝聚当地土著人，成就社稷。圌山祭祀在吴国数百年的祭祀传统中，铸就了根深蒂固的民俗特色，也有着浓烈的王气色彩。东吴及宋、齐、梁、陈在镇江以祭祀香火集聚王气起家，但统治者均对在野祭祀讳莫如深。

越灭吴后，对吴国“拙社稷，伐宗庙”；秦始皇禁忌圌山王气；南朝宋武帝刘裕建立政权后，下令毁掉家乡丹徒县所有的“淫祠”，旧志中看不到一所刘宋以前建的先贤庙。《南齐书·江祐传》中提到的宣尼庙，位于圌山之阳，在齐时就“久废不修”。这座庙很可能就是在那时被毁坏的。到了唐初，狄仁杰任江南（领润东）巡抚使时，毁吴楚“淫祠”1700余所。唐长庆二年（822），御史大夫李德裕以润州刺史、浙西观察使的身份莅任镇江，毁“淫祠”1000余所。元《至顺镇江志》将这次境内被毁的“淫祠”一一收入，并说明“今亦未暇详论，姑叙其创建之地。以备志记，庸俟明哲君子，黜邪补正焉”。这就明确表示，李德裕所毁“淫祠”，其中有所失当，须“黜邪补正焉”。

自宋而下，江南原始宗教的祠庙再也没有遭到像前三次那样毁灭性的打击，也没有受到来自官方的严格限制。宋代君臣崇道，原始宗教祠庙的兴建再掀高潮。丹徒县建的所谓“淫祠”以清代为最多，其中的土地庙，在1949年前几乎每村都有。

圌山“王民日子”登山节

圌山“王民日子”山庙祭祀活动

大道无私，频辞国柄闻天下；
青山有份，独爱诗歌证海桑。

——周文齐

吴季子别庙

吴季子别庙的遗址在镇江新区大港镇韩桥村。太庙是中国古代皇帝的宗庙。太庙在夏朝时称为“世室”，殷商时称为“重屋”，周时称为“明堂”，秦汉起称为“太庙”。最早，太庙只是供奉皇帝先祖的地方。后来，皇后和功臣的神位在皇帝的批准下也可以被供奉在太庙。别庙是太庙之外另立之庙。故“吴季子别庙”的等级高于“吴季子庙”。吴季子，即吴季札（前576—前484），姬姓，吴氏，名札，春秋时期吴国的贵族，政治家、外交家、文艺评论家，吴王寿梦第四子，吴王诸樊、余祭、余眜之弟，分封于延陵，又称公子札。

季札淡泊权位，有远见卓识。吴王寿梦二十五年（前561），寿梦临终前想传位于季札，季札力辞。诸樊去世前授命传位于其弟余祭，欲兄弟相传以至季札。吴王余祭四年（前544），季札出使各国。他出访鲁国，请观周乐，对诗乐有精深的分析；访问齐国，劝晏婴交出封邑官职以免祸，晏婴从之；出使郑国，告诫子产以礼治国；到了卫国，称赞卫国君子很多，国家没有忧患；来到晋国，预言晋国政权将落入韩、赵、魏三家之手。余祭去世，余眜继承王位。余眜去世，欲传位于季札，季札不接受。吴人立余眜之子僚为吴王。吴王僚十三年（前514），季札出使晋国，吴公子光刺杀吴王僚，自立为君。季札归国，予以承认。吴王夫差十一年（前485），季札成功劝说楚军从陈国退兵。季札极富才学，很有修养，其美学观点对儒家美学思想有重要影响，后世以其名借指善于鉴赏音乐之人。吴氏后人（王）称其贤，立庙以祀。

（周文齐）

八宝华阳天下重；三清大教世间尊。

华阳观

华阳观坐落于大港辖区。据《嘉定镇江志》载，南朝宋元嘉初置曰“仁静观”，宋朝政和八年（1118）改今名。始建于东汉，重修于明正德六年（1511），已有1800余年的历史，属全国72名观之列，居镇江东乡四大名观之首。

观内、外占地数百亩，由前、中、后三进主殿组成前后两方大院，两侧有厢房。中殿是前后三进的主殿，殿内有四根楠木柱子，上各有名人书写的楹联。据传，该殿的东墙是由上而下砌成的，西墙是砌好整块墙面后再竖起来的。殿内有一横梁制作时因尺寸误差而有短缺，上梁时才发现不能衔接，后由木匠用斧头柄接上去的。这些神话般的传说仍在华阳观及周边地区广为流传。后进的观海楼，又称藏经楼，后改为仁静宫，原为两层大楼，供奉玉皇大帝神像，并设有藏经阁。

现在观外东面的两处小山丘及段家小村庄，就是当年华阳观的花园、竹林和农田，当年的华阳观有骑马关山门之说，据说当时负责关山门的马夫的住所及养马之所就是现在观塘村的马墅。

华阳观每年有两次庙会，每逢庙会便人山人海，热闹非凡。那时，内、外六台出资请戏，每次都要从日落西山唱到第二天日出东方，俗称“两头红”。

华阳观历来香火甚旺，方圆百里的百姓都来请观内的道士做道场。这里的道士不仅诵经行道、讲研道教文化，而且医术高明，尤其精通针灸。相传，每一代道士

大港华阳观

中都有一位医道高手，在地方上救死扶伤，为贫苦人看病分文不取。著名道人汤大久和近代道人蒋良晨都是负有盛名的医术高手。

华阳观的道家文化及社会声望受到了古时历代统治阶级的肯定和重视，据史料记载，“奉御笔：自今后应天下，道十免阶墀迎接”。相传，凡达官贵人、社会名流等来者，观内道士一律不出山门，不下台阶迎送；同时，凡来者，文官下轿，武官下马。这种礼仪上的特权，足以说明当时华阳观的社会地位。

尊道崇德；敬天保民。

——华阳观楹联

魏法师碑

魏法师碑

魏法师碑记载了魏法师的生平及仁静观（华阳观）的历史。魏法师魏降（595—677），字道崇，任城（今山东济宁）人。早年研习道教，学有成就。贞观九年（635），被召入京，“太宗嘉而悦之，于内道场供养”。后由太宗“蒙度出家，配居谯山（今镇江新区大港圌山）之仁静观”。“天后（武则天）又降殊恩”，赐他饰有珠宝的“山水纳帔”一件。死后安葬于仁静观西南马跡山。魏降墓碑《大唐润州仁静观魏法师碑》立于唐仪凤二年（677）十一月十五日，碑高2.42米、宽0.87米，由“唐中书右史兼崇文馆学士安定胡楚宾撰文”、“清河张德言书”、“东海徐秀昉镌”、“石匠满通”凿造。碑为螭首龟趺形，撰额“魏法师碑”四字，碑文共2000余字，是研究镇江新区历史文化的重要史料。1961年，该碑由大港华阳观迁移至镇江焦山碑林收藏。

五峰秀出大江畔；一寺深藏龙脉中。

——蒋光年

五峰山山峰

绍隆寺

绍隆寺位于镇江新区圌山风景区的五峰山西南麓。始建于唐敬宗宝历元年（825），重建于宋高宗绍兴二年（1132），几经兴废，到明神宗万历十四年（1586）修建，名曰“莲觉寺”。清康熙下江南时赐名为“灵觉宝寺”。康熙二次南巡时，见“上有奇突山峰，下显真象龙脉”，认为这里是“非高僧大德者不可居之”，将灵觉宝寺赐给金山寺为下院，并敕赐“绍隆禅寺”匾额。

现绍隆寺房屋占地面积 47.8 亩，山林面积 375 亩，塔园面积 50 亩；建筑面积 6979 平方米，有玉佛殿、法华楼、藏经楼、大殿、钟楼、念佛堂、关房、上客房、僧房楼、斋堂、综合楼、香客楼及其他附属房屋共 210 间。重建的寺院规划为三大院，把原来的殿堂作为后院，扩建中院和前院。新建大雄宝殿、天王殿、方丈室、千手观音殿、山门殿、钟鼓楼等古典建筑群。

寺院文物古迹主要有：

1. 龙地，位于原大殿佛像前，有八仙桌大小，每年都会向上隆起 1 厘米，世所罕见，被誉为镇寺之宝。据说这是块龙地，下面藏有真龙。

2. 明代石狮一对：每只高 70 厘米，现供奉于法华楼台阶前。

3. 明代铁幽冥钟一口：为明弘治十四年（1501）铸造，重达 1800 千克。

4. 清代塔林与碑铭：绍隆寺原有塔林 300 余座，至 2015 年已修复 60 余座。其中“金山江天寺铁舟海和尚塔铭”碑，由“户部掌部事郎中曹寅篆额”。

5. 千年三宝：为千年观音佛像、千年红木寿星、千年檀木观音。千年观音佛像是由镇江金山江天禅寺从北京故宫请来的 1000 多年前的藏传佛教造型的观世音菩萨，现供奉于原大雄宝殿内。

每年都会向上隆起 1 厘米的“龙地”

慈云遍覆，法雨均施，愿弟子同登解脱；
慧日高悬，佛光普照，度群生早悟圆通。

——绍隆寺楹联

寺古僧闲云作伴；山深世远月为朋。

——绍隆寺楹联

绍隆寺大雄宝殿

圌山东霞寺

东霞寺

东霞寺位于圌山西南麓，旧名“显孝褒亲院”，唐宝历年间（825—827）建，道光庚寅年（1830）重修，道光皇帝敕赐匾额“东霞寺”，乡人郭炳书。据传，寺院初建时规模宏大，殿宇纵深，有“驴驮钥匙，马背锁，骑马关山门”之说。内有满功殿、观音堂、大雄宝殿等屋宇百余间。东霞寺深藏于恬静幽谷之中，环境清静优美，是佛教徒和游人向往的圣地。1987 年，任纪顺先生在东霞寺大殿内的石灰墙上发现游客题写的一首诗。诗云：

三人游

偕游山径诣东霞，宝座森严殿宇华。

到此便为仙境界，盘桓何处有桃花。

【注释】三人：严一清、步青、乐山。

该寺历经战火，多次重修，后又遭浩劫，仅留下一座破落空殿。近年，在寺院僧人的努力下，东霞寺得以在废墟上重建。

唐记褒亲，宋记乘龙，此后更为庙宇；中呈土地，上呈宝塔，当前焕发霞光。

【注释】东霞寺原为建于唐代的『显孝褒亲院』。宋代院内挂驸马钱景臻的画像，该院为其纪念场所。东霞寺在圌山脚下，与半山腰的『半山土地庙』和山峰形成直线。在直线尽头的山顶上矗立着楞严寺的报恩塔。

有意烧香，何须北地朝南海？诚心礼佛，此即东霞拜西天。

修复前的东霞寺

永胜寺

永胜寺原位于镇江新区大路镇王巷里村东首，始建于明朝万历三年（1575）。抗战时期，这里曾为党的地下活动提供一定的支持与帮助。其房屋一直在用，并有一座古戏台，但在“文革”期间遭到破坏。2002 年，政府批准永胜寺开放。该寺自筹资金，先后建有天王殿、玉佛殿、观音殿、念佛堂、斋堂和办公宿舍等 30 余间房屋，占地面积约 4000 平方米，建筑面积约 1000 平方米，有僧众数十人。永胜寺现已是新区内有一定规模的合法宗教活动场所。

2010 年 6 月，因金港大道（238 省道）延伸需要，永胜寺面临拆迁。为支持新区的发展，永胜寺主动配合拆迁工作。经相关部门协调，永胜寺搬迁至大港华阳路北侧、五峰山路西侧地带。经过几年的重建，现已初具规模，先后建成了大雄宝殿、玉佛殿、天王殿、观音殿、地藏殿、龙王殿、斋堂厢房等 50 余间房屋。现永胜寺占地面积约 9800 平方米，建筑面积约 2500 平方米，殿堂内的佛像均已装塑金身，完成彩绘。

永胜寺

永胜寺

寂照圆明，一念真因归妙觉；
色空澄澈，三祇道果会菩提。

——永胜寺楹联

求清不激皈依路；脱俗为奇觉悟门。

——永胜寺楹联

张王庙前的千年古银杏

玅证圆通，随类化身游法界；
静观自在，寻声救苦度群迷。

——心澄题华山张王庙

华山古庙

华山村是南朝著名乐府民歌《华山畿》的产生地。在新石器时代至商周时期，这里就是重要的人类活动区域。考古发现，这里有新石器时代崧泽文化晚期至良渚文化早期直至商周时期的遗存，距今已有6000多年的历史。

华山村原有大帝庙（即张王庙）、张王别庙、娘娘殿、三茅宫和文昌阁等。华山村自然环境优美、民风淳朴，地上地下的历史遗迹众多，文化底蕴丰厚，是至今仍保持着原生状态的自然村落，完整地保存着古气、古风、古韵、古朴和古貌。

人杰地灵

題人傑地靈

地靈人傑雙星鉅

畫意詩情一脈長

癸卯冬金柏撰聯并書

楹联大家赵曾望

赵曾望（1847—1913），字绍庭，又作芍亭，号绰道人，晚号薑汀、僵汀、邵筵道人等。大港赵氏。清同治九年（1870）优贡生，此后屡试不第。光绪初年，他备官纶阁（中书省），三入都门，但直到光绪九年（1883）才做到内阁中书这个从七品的小官，掌管撰拟、记载、翻译、缮写之事。身居“清秘”的赵曾望，读异书，友名士，多谙掌故。大约是在官场不得意，4 年以后，他致仕南归，从此不涉官场。1913 年去世，时年 66 岁。

赵曾望学富五车，尤精于“小学”（古文字、训诂），著述宏富。著有《十三经独断》《字学举隅》《古史新编》《二十一史类聚》《菑播巢论文》《耐簃简谅》《心声稿草》《江南赵氏楹联丛话》《身章稿草》《节足室题画》《养拙斋见知编》《虚字下垂说法》《养拙斋印谱》《麃秋馆杂著》《窕言》等著作。仅《窕言》就凡 3 万余言，内容涉及语言、文字、音韵、诗文、戏曲、书法、绘画、篆刻、宗教、刑律、乡土掌故、民情世态及读书心得等。赵曾望擅撰楹联，堪称晚清楹联大家。赵曾望在镇江创立“海门吟社”，被文友推举为社长，同社者多当时名士。其子赵宗抃也是吟社中人，父子同为吟社诗友，传为佳话。

赵曾望工诗，善画山水，书宗魏晋而得《张猛龙碑》神韵，尤精于篆隶书；擅篆刻，辑有《养拙斋印存》。他是一个多才多艺的硕儒。

（赵明宇）

有贺友娶妻者，集《葩经》为联，属余作小篆。句云：“**绵绵瓜瓞，实发实秀；关关雎鸠，将翱将翔。**”已书“绵”字矣，顿忆篆书体例，凡叠字皆作两画，系于本字之足，句虽八言，实止七字耳，而笺乃描金八团，不可迁就，商诸座客，有谓宜作两字异体者，有谓径以两小画当一字者，义皆未安。余略一凝思，奋笔书曰：“**绵绵瓜瓞，如松柏之茂；关关雎鸠，毋金玉尔音。**”坐中皆为鼓掌。

有以寿联属书者，句云：“**铜镜铭文，长生不老；瓦当篆字，永奉无疆。**”时同人咸集谈谐，方纵信手挥毫，误“铜”为“银”，停笔嚄唶（震惊貌），众谓速洗无迹，余曰：“生平作书，从未作此丑态，敢问诸君，古亦有银器镌吉语者否？”众曰：“罕见。”于是有举银鹿、金鱼等字，谓可制句。众方撰拟，余书已就。联曰：“**银州谶，富贵亦寿考；铜器铭，吉祥宜子孙。**”同人皆以为新颖可喜，殊胜原句。余敬谢曰：“辟不敏耳。”

宜春宇师堂、室、庖、湢，对联皆手制，一日询望曰：“厨联亦有新句否？”望对曰：“编新实难，述旧则易。”师曰：“云何？”望对曰：“**虽无嘉肴，我有旨酒；若作和羹，尔惟盐梅。**”师称善。

玭山育婴堂首壬公送王醉墨鹾尹德政联，属余为之，集诗曰：“**乐只君子，民之父母；维此哲人，谓我劬劳。**”众不以为工，尹则称赏不置，或叩其故，答曰：“唐人以‘燕雀半生成’对‘桑麻深雨露’，宋人以‘起废极吹嘘’对‘辍耕扶日月’，虚实相俪，皆此类也。”

先中议公课子，各令熟一经，亡弟燕谋受《葩经》，望则受《尚书》。一日有父执过塾，问望曰：“能属对乎？”应之曰：“已对至七字矣！”父执曰：“我只欲试六字耳。”即说句曰：“**四方东西南北。**”望凝思良久，始对曰：“**五辰春夏秋冬。**”父执又曰：“**四方南北东西。**”即应声曰：“**一德刚柔正直。**”

至亲无文，故兄弟姊妹之间挽联绝不易作。余屡遭骨肉之变，而制联甚少，知难也。二姊适李庚辰，冬殁于兴化，余邮致一联云：“**疟魔方退，痼疾翻增，医药竟无灵，弃二老，弃遗孤，顿教远道哀音，飞来岁暮；夫婿早亡，椿萱并谢，泉台从此去，赋归宁，赋静好，不道人生乐事，反在幽冥。**”据实直书，不自知其言之痛切也。

向过扬州，为同人招游平山堂，主僧莲衣，迎话甚欢。壁间有石刻完白山人篆书《心经》，以拓本赠余。谈次，笑曰：“山僧闻有旧句，迄今未有对者，君江南才子，能属一联乎？曰：‘**三教同心，忠恕慈悲感應。**’”余亦笑曰：“我辈信不能对，上人自能对耳。”僧请其说，余曰：“**六言在口，唵嘛呢叭咪吽。**”众大笑。

文子乘比部辂，豪于酒，雄于诗，余在都门，与同吟社。辛未冬，文随童薇研师赶热河查办事，道出滦阳。余适在舅氏署，要而饯之。因公府须避嫌，假古兰若置酒，且书一联赠之。上联曰：“**偷得浮生半日闲，因过竹院逢僧话。**”文展视讶曰：“此何能对？”余笑曰：“对不洽，罚我十觥；如洽也，君贺十觥，何如？”文曰：“诺。”展下联曰：“**劝君更进一杯酒，西出阳关无故人。**”文大笑，为连举五觥。时风雪正厉，轩前惟瘦竹青葱，固然景与词合，亦甚可人也。

玭山吕祖阁，发仙方疗人疾苦，酬德者献联献额，堂奥为满，顾佳者少耳。友谓余曰：“子若为联，必有佳句。”余曰：“句何能佳，特余平日从未乞一方剂，若制联语，自应别于诸君耳。”友曰：“试为之。当代仕剞劂。”余缀一联云：“**有青蛇供其挥擢，有白鹤助其翱翔，想正直聪明，岂其灵迹淹留，常依秘阁；乞金丹济我贫穷，乞玉笛消我幽闷，斯康强逢吉，不必仙方点化，始起沉疴。**”

集六朝文，作八言对，其事极易，故名手不甚为之，然俗工正可借此藏拙，是亦一法。鱼湾曹姓有小园，余为制一联云：“**落叶半床，狂花满屋；焦麦两瓮，寒菜一畦。**”潮桥朱氏有别业，余未获往游，张渭卿梦熊少府索余书一联赠之云：“**幽岫含云，深溪蓄翠；横藤碍路，弱柳低人。**”少府以谓风景绝似。季涵香为东滨隐士，余赠一联云：“**铲迹幽溪，销声穷谷；汲流旧巘，葺宇家林。**”季得之喜。又尝为王古香司马书一联云：“**玉沥金华，冀获难老；清风朗月，俱寄相思。**”喜与王姓适合。又一联云：“**菊落秋潭，桐疏寒井；萝生映宇，泉流绕阶。**”自觉平适无味。又尝为友人制一联云：“**松疏夏寒，桂深冬燠；浊醪夕引，素琴晨张。**”既而悔之，已被持去，不可追矣。甚矣！下笔不可不慎也。后为友人书联，已用菊落云云为上联矣。友人请以唐文“**桂生高岭，莲出渌波**”为对，从之。

王醉墨汝金签判，请人书联，喜自制句。尝属余书一联曰：“**大人文章，炳蔚虎豹；君子福禄，毕罗鸳鸯。**”既工丽而无俗艳，王每于岁朝悬之。

文章显晦，若有定敆。楹联小道也，何莫不然。通分司陈默云照签判驻鱼湾，于大寺中构净室，植桂环之，为三大节朝贺时憩息之所。余为撰一联云：“扫地人来，坐竹屋三间，试听暮鼓晨钟，猛然深省；朝天路近，看木樨千本，为想琼楼玉宇，高不胜寒。”陈即刻而悬之。玭山有善堂号“同仁”，翁子健秉乾少尉莅任时，属余撰一联，将悬于堂。联曰：“世上苦人多，愿诸君轸念时艰，慎勿忘六极无依，四穷靡告；眼前生意满，尽我辈偷闲坐啸，莫孤负紫薇吐艳，丹桂飘香。”未及刻，而翁殁于任。后历任少府，皆爱此联，而至今未刻。

钱伊臣溯耆主政，辛未在都招集诸同年生于陶然亭置酒会饮，余在座中口占一联曰：“四面常时对屏障；众仙同日咏霓裳。”同坐者曰：“如刻而悬之，他日便成故实。”

烟室不必有联，既欲有联，即不可堕市廛恶习。如“重帘不卷留香久；短笛无腔信口吹”，可云隽雅。沪上有新设烟舍，轮奂精美，友人代请制联，余将以前联应之。友人曰：“此已习见，更请其上。”即为作大篆八字曰：“无犯无隐；有土有财。”友大喜持去。

京口救生会在银山上，占地颇高，一览江天，烟涛如画。余族兄湛林鋆在会襄事，尝索余书一联悬座间。集唐句曰：“路出寒云外；江流宿雾中。”见者以为确合真景，兄甚宝之。

余在玭山，居与义学邻。张渭卿少尉拟撰一联悬示塾中，请余捉刀，余为集句曰：“乡难与言，不保其往也唯何甚；道若大路，子归而求之有余师。”少尉喜曰：“一勉其师，一勉其弟，语意周匝，不徒用成语如己出也。”

甲申之岁，法夷构衅安南，天兵徂遏，北宁、谅山诸役，夷酋固被大创，而我军将士殁于战阵者，亦复不少。事后拟建昭忠祠，越南人有远游京辇者，索余为联，以光楹柱，慰烈士精魂，塞远人观听，非可率尔操觚矣。余贻以二语曰：“三春白雪归青冢；一朵红云捧玉皇。”

其人得之，甚喜，匆匆持去。嗣后途遥音梗，未谂究竟何如也。

蝶园西堂旧有晋少谷康学士所撰一联云：“**排埒松青，老圃控弦秋校射；压檐藤紫，虚堂烧烛夜论诗。**”仲蟾为余述及，余嫌“虚堂”二字侵占本位，仲蟾曰：“何不改之？”余曰：“改之则难，别拟一联易易耳。”仲蟾请其句，余立书曰：“**翠琐松门，铁镝吟风春校射；绿簁藤架，石床浸月夜弹棋。**”

京口缦蓉楼，斜对焦山，大江弥望，登临之胜，此为巨观。余既屡与诸同人宴集其上，一日酒酣气热，戏撰楹帖云：“**谁为翔渚重妃，倒三尺金尊，杯底吸来焦岭月；我是倚楼旧主，仗一枝玉笛，袖边吹起大江涛。**”已而子开姊丈复召客为会，亦撰一联云：“**金尊进酒，檀板徵歌，请看如此江山，莫虚佳日；画栋飞云，珠帘卷雨，呼出无边风月，补作中秋。**”皆一时兴到之笔也。然余联竟对客挥毫，书悬壁间矣。子开则谦让未遑，盖子开不及吾狂耳。

顾君冰岑，玭山人也。田于东海之滨，而癖嗜书画，兼通韵语，恂恂无尘嚣气。所居庄房，蛎垣苇芭，光洁可人。余曾一至焉，君为余设馔，情意殷渥，酒半酣，手宣州六尺纸，索书楹帖。余审其笔不宜作大字，爰为制九言句曰：“**三分水，二分竹，一分屋。**”君狂喜曰：“此语称极矣，顾安得成句巧对乎？”余笑曰：“是固有之。”乃引酒更酌，未三爵，君有急色，余复拈毫毕书曰：“**上等牛，中等马，下等奴。**”君喜甚，再三揖谢，卷藏之。

望生平奉关圣最虔，故每遇帝祠及睹帝像，必竦然起敬。所藏传世签词，凡遇疑难，卜辄无爽，其他杯珓之术弗信也。余寄迹玭山久，其地亦有祠宇，惟联额黯然，罕足瞻仰。余集有成句，拟大书深刻，悬诸两楹之间，迄今未果，殊抱遗憾。其文曰：“**博厚所以载，高明所以覆，悠久所以成，可以与天地参矣；富贵不能淫，贫贱不能移，威武不能屈，岂不诚大丈夫哉！**”

相传彭雪琴大司马登岱一联云：“**我本楚狂人，五岳寻山不辞远；地犹邹氏邑，万方多难此登临。**”跌荡苍凉，用成语如己出，久已推为绝唱，比诸黄鹤题诗矣。余辛未年以朝考入都，亦尝升宿泰山。尔时行理匆匆，未及作诗纪胜，仅制一联句，后以少作汰之，山左诗中并不复齿。及今思学者各有胸襟，即各有手笔，不必相袭，且不能相掩也。因补录存之。其词曰：“**涛捧日轮高，我将往第一蓬莱，提笔长吟，先向朝阳鸣采凤；石黏云絮合，谁实念大千禾黍，屯膏下逮，遍教霖雨起哀鸿。**”一时兴到狂言，本未敢书贻庙令耳。

西江黄戒庵观涛司马，己丑上元邂逅京口，邀余庆乐园观剧，见台上楹联，漫无文理，属余更易其词，以耸观者。余为书一联贻之云：“**歌吹继南朝，试听响遏行云，问玉树当年，盈耳何如新乐府；江山凌北固，莫羡神游明月，看银花不夜，置身已在广寒宫。**”

金陵明故殿前有方希古先生血影石，真建文遗迹也。迄今五百余年，霜晨雨昼，斑驳如新，盖先生亮节孤忠，照耀千古，固宜鬼神呵护，历久不磨也。左文襄驻节两江，建亭覆之，用以矜奉先儒，兴起后学，意至深矣。余足迹未尝至。己丑之秋，宗侄铭辛应试归，为余述其事，因制联句云：“**成王安在，焉用周公，九族茹奇刑，纵教劫换飞灰，风雷不蚀忠臣魄；孔氏之传，实唯孟子，两间留浩气，何待名刊华表，日月长悬正学光。**”羽声慨慷，不知读者当瞋目竖发否？

江干观音洞，面临大江，臂倚金山，盖壮观也。而楼台遮迣，奥窔幽深，清磬一声，万重香雾。余每履其地，窃叹主僧之但知敛财，且悯祈祷者之胶胶于名利也。乃书一联昭示大众曰：“**心在塔铃中，直须洞水西流，那日再来谈佛意；手持杯珓掷，试问大江东去，甚风吹得到仙才。**”虽用彼教中语录字面，而气习则非也。

从兄仁山妻母张宜人之殁也，宜人早居其夫丧，后遭其三子丧，前一岁仁山兄又殇其子，伤心事多，转觉贫非病矣。仁山兄先属张韫书明经代制挽联，联虽长而未能觌缕，嫌其空泛，属余运斤。余书一联曰：“**诸郎凋谢，爱女清贫，忆半子卅年，深叹姻亲同侘傺；先舅云殂，外孙早夭，望九京二老，可能童稚为扶持。**”仁山兄读之，泪涔涔下已。

向在京辇，有以大禹庙联为请者。以余素喜铺张，而圣德神功，非一言可尽，盖将以窘余也。展转凝思，殊难下笔。既而疾书十八字曰：“**受命于神宗，唯天为大；好学有颜子，易地皆然。**”其人大叹服。

内阁直庐向无佳联，彭瑟轩阁长属余撰句，余因集一帖曰：“**于万斯年，不遐有佐；凡百君子，各敬尔身。**”欲书不果，余适以措贤乞假径振策南归矣。

余少时震于徐退之名，见其手书一联曰：“**心上无钩不挂事；眼中有尺惯量人。**”极为倾倒，盖不觉其猥俗也。后见近人所书联句，亦间有可采者，张雨民为子枚从兄书曰：“**补史少孙书续马；传经老子道犹龙。**”汪子仪为贾君蓉裳书曰：“**铭学东坡雪浪石；书临北海云麾碑。**”皆工雅可喜，视前人拳石胆瓶之对，殊有大小巫之判。又尝过圆董肆，见悬有曾文正公一联曰：“**空林台叶秋相语；别浦骄云暝不归。**”十四字锋楞峭厉，逼似欧阳信本，非凡手可及。又曾见竹书姊丈家藏王梦楼先生墨迹一联曰：“**诗入司空廿四品；书摹大令十三行。**”所谓顾视清高，气深稳则，又自成一家者矣。

里人刘氏子，从军闽疆，一去不返，有谓已死于马江之难者。其妇长斋绣佛，坐卧一小楼，所谓“**欲祭疑君在，天涯哭此时**”，亦可哀已。其从子以楼门春帖来乞余书，余贻以唐句曰：“**忽见陌头杨柳色；更堪江上鼓鼙声。**”为向来春联中所未有也。

余为友人作七字联，多信手集唐句，不能工致，而嗜痂者辄过誉之。尝书一联曰：“**林间暖酒烧红叶；水面回风聚落花。**”群以为有富贵神仙气象。又书一联曰：“**愿得燕弓射大将；欲书花叶寄朝云。**”群以为有英雄儿女襟怀。余笑曰：“是乃又一联矣。”尝从客访王子少诘于翠屏洲，王拾落叶煮茗供客，客请易以酒，主请酬以联。余拂纸书曰：“**林间暖酒烧红叶。**”有习见余书者窃议曰：“江面那得落花，得勿芦花耶？”余笑应曰：“苹花可乎？”即书下句曰：“**洲上相思愁白苹。**”皆笑曰：“子可谓唐诗中之无赖贼矣。”又尝于新秋从客登北固山，老僧性本乞余作联。余遽书曰：“**返照入江翻石壁。**”且缀数语曰：“初秋乘兴至北顾，性本大师固请留墨，余因集唐句为联。”客或问曰：“下句云何？”余曰：“澹云含雨入孤村也。”客曰：“‘入’字重矣，奈何？”余遂搁笔，与客跻凌云亭，见大江东来，长风怒吼，颇觉胸次豁然。忽飞云一片，急雨数点，越山而过。余喜曰：“得之矣。”急返提笔书曰：“**东风吹雨过青山。**”客与僧皆大喜。

释苣南者，余同闬人，俗姓俞，早岁出家，始祝发圌山，继受戒金山，年三十余，以奉养其母居城中兴善禅院，不远游，其志也。士大夫乐与之交。余为刘绍臣志中茂才邀过其寺，寺门黯败，石狮欲泐。入其内，则草庐光洁，清磬泠然。苣出迎，言动朴实无俗态，以素耳余名，殷殷祗接之意，溢于辞色。其后为小岭，石坡通焉，拾级数十层达岭上，茅堂纵横，列有殿三楹。中供佛像三，金身璀璨，笏室亦明净可憩，壁间多名流书画。语次丐余为联，余感其诚，为深坐长谈，啜茗饭麦而去，贻以联帖二副，均集《葩经》为句。其一云：“**佛时仔肩，孝子不匮；职凉善背，下民卒瘅。**”其一云：“**无贰尔心，维桑与梓；言树之背，匪莪伊蒿。**”谓其荷真宗，愧末俗，笃故乡，而将母之义，两联并及之，所以深许之也。“瘅”字从《广韵》《集韵》，读平声。

刘绍臣于惠安寺巷、仓圣祠之东偏，鸠工辟地，创建“老妇堂”。盖以妇而老，例不应归完节堂；老而妇，势不能入留养。所集赀百七十缗，急急筑堂五楹，意至美也。堂落成日，余为制一联，揭诸檐柱，上联集《策》，下联集《礼》云：“**矜有自功，老妇必唾其面；因以为利，下堂而伤其足。**”庶一乡之善者，目睹斯言，因而感发，未始非堂之福焉。

童薇研师华视学江苏，按临吾郡，时宗人菽民莳禾

茂才以默写十三经受师目色。乃己巳科试考校优生，菽民以腹疾未能入院，师重惜之，赠以联帖曰：“**年富好为经世学；时艰正待读书才。**”盖所期者大矣。既而庚午秋赋，余以菲材，滥登贡榜。谒师日，亦献一联曰：“**威仪抑抑，率由群匹；讲评孜孜，以磨诸生。**”庸唐文，俪周诗，尚非截趾适履者，师颇许之。

朱焕珍女士母张四姑，吾外姊也。父朱凤来仪号多田翁，不甚治家事。母性伉爽，能代之，且以余力援其昆季。而焕之干练，尤过其母。凤来中年无嗣，焕请于母，为置篷室，竟生男。比四姑之殁也，子已长成，且娶妻矣。其纳采、纳币、纳徵，皆焕为之也。四姑殁于辛卯冬，余制一联以诔之曰：“**慷慨有丈夫风，相外子，恤外家，一片热肠，老而弥笃；扶持得亲女力，育佳儿，来佳妇，两开笑口，逝矣如归。**”上以褒其母，下以扬其女，盖并为雌亭之豪杰云。

韩君棣园，从兄叔明之妇昆也，家世业鹾商于李堡，值淮筴抗敝，遂中蹶，债台百级，逋券累累。我妗氏张恭人尝贷以巨金，莫能偿也。继复钟母丧，忧恨成疾，寻卒。嘻！今之费用寄财，律例有费用受寄财产条。悍不还，而高枕鼾卧者，往往而是矣。观过于党，君殆不失为君子人欤！卒于壬辰九月，老父犹在堂也。余特撰诔词，为联帖遥致之云：“**存身则心丧，存心则身丧，死矣！知君非忍负人者；从父斯母违，从母斯父违，天乎！到此其如为于何。**”悯其志，悲其遇，振笔一书，激楚乃尔。

韩君笙厓景佺与余同庚，复同日游泮，《公羊传》注所谓“二同”者，故订交綦笃。其风姿秀出，在潘岳、卫玠之间，飘飘然江左少年也。为制艺颇尚华藻，君占邑庠，我占郡庠，文坛角逐，各雄一军。性喜诙谐，舌端犀利，人莫能敌。有某甲将设星货铺，取号“东升”，谒联于君。君戏书曰：“**东手拿来西手去；升头容易缩**

头难。”其人大恚。余屡陈占佢之戒，君亦嘉纳，然机锋所触，辄忍俊不禁也。戊辰岁，童师按临，余两人先期相约，倘非并驱，虽胜亦退。既揭晓，余仍上第，君未见录。余竟不赴覆试，从君买醉垆头，作极日欢。明年遘疾卒，甫二十三龄耳。余为联哭之曰：“**埋玉土中，情何能已；弹琴座上，人与俱亡。**”以君似六朝人物，非六朝文字不足诔之尔。

方鲍公华潭源深之视学江左也，岁科两试，拔望高等，望时未精古学，公独优奖为第二人，且以正覆两艺，登诸试牍，荷公青眼，甚盛甚盛。厥后望贡成均，公已持节钺抚山西军矣。望不敢自外生成，汲汲修函问起居，并献楹联为寿。联曰：“**西门锁钥，非公不可；南国弦歌，至今勿衰。**”久之无耗，私谓云泥分绝，公殆忘诸。又久之，得公手札，有便道相过之命。顾书到隔年，遥计其时，公已去官归矣。后闻公主讲龙门书院，屡欲造谒，格于人事，未之能行，而今已矣。嗟乎！半世师资，无过四五，而风流文采，全返仙龛，洄溯春风，永怀耿耿耳。

如皋王琴夫观察俊，自湘江归故家，于邑东之马塘镇小治园林，为菟裘计。一日宴客，余适过之，因拉入座。酒既行，观察颐指小奚进楮墨，且曰：“仆拟自署一联，苦无佳句，夫子能度他人之心者，即为仆代庖可乎？”余曰：“诺。”遽挥毫曰：“**群贤毕至，少长咸集；三径就荒，松菊犹存。**”观察大喜，当命悬诸筵前。既更营别业于村落间，排闼青来，护田绿绕，颇饶野趣。落成召客，余又过之。观察复请题联，余手展上联，又书群贤八字。观察曰：“是间固无松菊，亦无三径，负此佳联，奈何？”余曰：“景既不同，联当亦异。”乃书下联曰：“**五谷垂颖，桑麻铺芬。**”观察益喜曰：“前以晋文比耦，此则浸淫乎汉氏矣，进而益上，其斯之谓欤！”余掷笔笑曰：“勿多言，姑饮酒。”

镇郡城西，人烟稠密，景物繁雄，委巷中方响不绝。有小楼三楹，某曲师居之，号为“曲楼”，善歌者皆就肄业。方其盛时，道署诸幕客咸往游焉，余亦不时至。岁晚当书春联，众以属余，余即集唐句应之云：“**世人解听不解赏；此时无声胜有声。**”

自博学鸿词科改为孝廉方正，其名愈高，其实愈难副。湖州吴筱漪丈承瀛尝告余曰：“吾乡有应举者，宿儒也，古貌古心，克光斯选，乡人致联为寿曰：‘**穷不失义，达不离道；始于事亲，终于立身。**’一时称为盛事，惜忘其名矣。”余笑曰：“此先生抗心希古，作此寓言耳，岂有如此伟人，而遗其名字者。”然三复兹联，殊令人有天际真人想。

沪上梨园，多恣为淫哇，惑人观听，叠奉宪禁不能革。乡衮中有好善者，特创制忠孝节义诸曲谱，日招伶工演习，因榜其屋曰“庶几堂”。闻堂柱有一联云：“**治世之音安以乐；先正其言明且清。**”书之者，盱眙王檬之也。余尝惜仲皋早世，手迹不传，此联当即其所集，喜而录之。

往岁张生蓉沚问于余曰：“每见近人书联有云：‘**清谈三尺竹如意；静坐一枝松养和。**’请问‘养和’何物？”余曰：“昔人取松枝作曲几，用以靠背，谓之‘养和’，非罕物也。”生问：“出何书？”余曰：“大约不外乎《山堂肆考》《山家清事》《考槃余事》三书，实不能确指也。”

生因进问曰：“梁氏《丛话》中载一联曰：‘**镜里有梅新晋马；釜中无药旧唐鸡。**’中丞亦不解所谓，但云钱东磵句，请问‘晋马’‘唐鸡’，又为何物？”余曰：“俗语、俗器入文，前人多有，如郝隆‘娵隅’之语，二苏‘铜叶’之词，皆不足以深考，以意测之，‘晋马’即尝设之插架镜耳。凡物四足者，概可名以马，‘晋’与‘搢’，古今字。《周礼》：‘王晋大圭。’晋者，插也。‘唐鸡’即便炊之五更鸡耳。《玉篇》‘烓’训行灶。‘烓’之转为‘灶’，犹‘鞵’之转为‘鞋’也。称‘鸡’者，假借字。《庄子》：‘求马唐肆。’唐者，空也。”生复问：“出何书？”余哂曰：“此非韩文、杜诗，安必其有来历哉！好学深思，心知其意，太史公不过如是。纵使别有可稽，亦终为郢书燕说之类而已矣。故曰不足深考也。”生憬然有悟，业由是进。

梁氏《续话》中载有一联云：“**云内神仙府；屾山中道者家。**”中丞亦以为奇，特录之以俟君子。其实不足奇也，凡字涉《籀史》，皆有增加，如星缀三日，囿缠四木，震挟两爻、两大车、排双车、双戈。从此类推，弗可枚举，当时止取字形茂美，匪音义攸殊。后人援而广之，转造异音，以树异义，自许、徐下视，皆俗笔妄为耳。

杭州冷泉亭旧有一联曰：“**泉自几时冷起；峰从何处飞来。**”盖亭正对飞来峰也。左文襄抚浙时，续置一联曰：“**在山本清，泉自源头冷起；入世成幻，峰从天外飞来。**”德清俞荫甫太史居湖上久，其女公子者名媛也，偶游亭下读联语，笑云：“何不曰‘**泉自冷时冷起；峰从飞处飞来**’，方是禅家机锋语也。”其语颇传于时。比余闻之，复笑云：“当曰‘**泉自未冷时冷起；峰从不飞处飞来。**’乃是真正机锋耳。”李氏《赘话》中载余语小误，用是更正。

汤文端公书法平原，喜制短联，专集经句，余既屡见公遗迹矣。近晤萧山吴殊庭仙保上舍，谈及公有数联为纪载家所未录。吴系公葭莩戚，故能言之。有挽某中堂云：“**不慭遗一老；以临照百官。**”贺某生恩科殿试卷列进呈第十云：“**皇敛时五福；民献有十夫。**”寿某中堂云：“**俾缉熙于纯嘏；用劢相我国家。**”题某戚新建庄房云：“**三曰木，五曰土；千斯仓，万斯箱。**”皆与今人手笔迥异。

朝鲜国为文教之邦，近有洪君宗树，彼都才子也。其国中以党人内讧，法酋外扰，民情垫隘，可想而知。君常游甬沪间，或累年不返，僦居斗室，有客遇访，瀹茗以供谈，娓娓不倦。其书法雅近梦楼，诗律酷嗜板桥。自于室中悬一联曰：“**不臧厥臧，民罔攸劝；以暴易暴，我安适归。**”余见之云：“斯联毋乃伤时，请代易之，可否？”越日书小对遗之曰：“**乡泪客中尽；风流天下闻。**”君虽逊谢再三，然固张诸壁上矣。

京口驻防恩孝廉霈，字润生，闭门读书，不滥交游，不㑳然诺，好学君子也。余屡称其诚恳，谓可入道，虽有所誉，亦有所试矣。何澹泉邦瑞茂才与隔巷居，何母病殁，孝廉挽之曰：“**三牲养，一品封，受福不如孝子母；颜色戚，哭泣哀，观礼幸与贤者邻。**”真学问人语也。

曩假馆宜师之蝶园，师命拟园中联帖，望尝献一联云：“**于此间得少佳趣；微斯人吾谁与归？**”师谓以宋文对宋文，稳洽匀称。嗣以廷试报罢，驱车出关，未及缮写。顷检旧槐得之，不胜今昔之感。

香坠儿者，粤东何棠颠春坊司马之爱姬也。何居沪上，婀嫦比屋，香独专房。值何以事旋籍，其大妇强嫁之，香不可，长横以革，香遂雉经死。何返，廉得其情，悼惜不已，置柩肇庆山庄，为营斋奠。适余过沪，何馈钣金十圆，乞余挽联。余集句贻之曰：“**我是玉皇香案吏；可怜金谷坠楼人。**”何得之曰：“可儿不死矣。”

秀州杜翁，有养女吴氏，以同里某茂才常主其家，因婿焉。杜侨寓邗上，涓吉前数日，余偶过之，翁请联帖以饰甥馆。余大书八字曰：“**汉书下酒；唐韵获钱。**”翁喜甚曰：“杜之婿，吴之女，雅切巧合，洵乎杰作。”既而笑曰：“惜新郎不姓苏，不谥箫耳。”

余惯集成句为联帖，既录之附编矣。又尝为友人书一联曰：“**鹤盘远势投孤屿；鸦带斜阳过别村。**”或人议之曰：“方干原句‘蝉曳残声过别枝’，声为蝉之声，势亦鹤之势也，子用‘斜阳’为对，似属不属，有乖诗律，毋乃不可。”答曰：“唐人诗律，以老杜为最细，其诗有曰‘犬迎曾宿客，鸦护落巢儿’。儿为鸦之儿，客则非犬之客也。亦以不属为属者，不可援以为例乎？”或人不能诘。尝又为友人书一联曰：“**寻碑野寺云生屦；罢钓松岩雪满蓑。**”或人议之曰：“戴叔伦原句以‘钓罢’对‘醉归’，子丁到用之，毋乃不可。”答曰：“宋人四六用成语为最多，嵇康文曰：‘一行作吏，此事便废。’王安中乃易其文曰‘作吏一行，便废此事’取对，得知千载上赖古书亦以丁到配用者，不可援以为例乎？”或人亦不能诘。然此皆强词夺埋，究不得谓之佳联也。姑志之以资谈柄。

余供职都门时，某侍御适告休家弄，与余有杯勺之欢。尝手素楮索书联帖，因集句为赠曰：“**谏官虽卑，与宰相等；斯人不出，如苍生何。**”继念下二语，揄扬太过，失立言体，乃更以他句应之。

亡友汪彦升泰昭，向居海上，筑屋二幢，后处妇孺，前坐宾客。窗外老树两株，槐一檀一，清风徐来，意致洒如也。工篆隶，替丹青，间为近体诗，亦自不俗。尝与余讨论六书，瀹茗篝灯，夜分不倦。余贻以一联曰：“**沙石秋江成篆籀；鼎炉冬火足槐檀。**”一日购得石笋数尺，位置庭中，又请余作联帖。余复为题句曰：“**大家夙擅诗书画；小国新封檀石槐。**”某丈仿余此句用“树石荷”三字对“诗书画”为联，赠蔡君守愚，属余代书，吾友戴笠樵颇以为病。余曰：“偶未考耳。”

凡制联帖，唯真情实景，不容一毫躲闪者，最难措手。子枚兄居镇城故庐，在先曾王父吟翠阁下。阁材久圮，兵燹后益不能复。丙申之岁，兄规度旧址，重建飞檐，榜曰“百尺梧桐阁”，藉以衍先泽也。落成，告余海上，余既为作记矣。比余归里，相将俱登，兄又以楹帖见属。余凭阑凝眺，惆怅久之，竟不成句。入夜篝灯构思，几至达旦，乃始脱稿。往视吾兄，兄深许其坚实，亟命书之。其联曰：“**遗墨守曾门，践迹三层，自怜心苦分明，想见先人行坐处；空青招远岫，推窗四顾，顿觉目穷苍莽，感怀故国战争场。**”李亚白恩绶明经亦有集句一帖云：“**大江流日夜；疏雨滴梧桐。**”语意浑成，惜阁中止见诸山，未能见江，上句究嫌无著耳。

老友马君雨人承祺，与余交垂卅年，相敬犹一日也。余每丁困乏，但走片纸告君，靡不力为协济，管鲍之情，久而弥笃。君在玭山，领袖鹾务，并一切公私义举，勤勤恳恳，概不委诸他人，人亦相与钦服推重。辛卯之春，六旬初度，余既制序文以颂，其屏幛之盛，满堂满室，几不能容。中有某女士献一联帖曰：“**雨至三日为霖；人生六十曰耆。**”蔚然经术之气，且老干无枝，非戋戋以嵌字擅长者。一时作者，瞠乎其后。余读而叹曰：“是足以传君矣。”余尝赠君一联曰：“**壹是皆以修身为本；久而不忘平生之言。**”亦实录也。

先妣张太淑人恒于内堂祀平安神，余幼时尝叩神姓名，太淑人笑而不答。神座左右，悬里人张仙查荣图所书长联一福，副同，见汉《尹宙碑》。字既圆健，语尤工稳峭拔，当时弗知贵也。联曰：“**花长好，月长圆，人长寿，国之福；树欲静，风欲宁，子欲养，天必从。**”今偶忆及，亟录诸此，以志勿谖。

《梁晋竹笔记》载有虚字联语，以为生动者，曰：“**翁之乐者山林也；客亦知夫水月乎。**”强改《醉翁亭记》以合《前赤壁赋》，殊觉无谓。余尝见椒山先生书五言曰：“**则学孔子也；无若宋人然。**”又见八大山人书七言曰：“**禄以天下弗顾也；取诸宫中而用之。**”字体坚卓，亦如其文，盖真迹也。余尝为门下诸生书一联曰：“**汝孰与回也愈；吾不如衰之文。**”亦复自嫌矫揉若梁氏所载。又一联曰：“**不可以风霜后叶；何伤于月雨余云。**”是则剪裁入妙，自饶别致，非强合家所可同日语矣。

吾门下从子少琴臣杰游湖北久，尝述鄂省铜圆局榜门联帖曰：“**岷山导江，嶓冢导汉；阴阳为炭，万物为铜。**”余颦蹙曰：“漾水虽汉之上源，然不得改易经文，遽指为汉，此非佳联也。”少琴曰：“此字记忆不的，或仍作‘漾’，何如？”余曰：“若然，则于鄂省无关矣。”少琴又述银圆局一联曰：“**楚国以为宝；天用莫如龙。**”余击节曰：“妙哉！不必称银，而自能确切不移，且上句亦非仅以贴鄂见长，信为老斫轮手。”

武林周君杏春老友，周西清之庶子也。西清佐蔡又臣观察幕，殁后流寓于镇，僦余屋数椽以居，子母相依，缊袍藿食。既将他徙，骞短房租十余缗，请以异日。余谓是乌鲗誓书矣。乃二三年间，恒有却寄。询知杏春襄事鳌榷，克以文墨世其家。己丑之冬，余舟过湾头，扬州地名。杏春适在，投以一刺，即诣篷窗，谈次出银钣四枚，为客途一餐之费，卒符前约，且致殷勤。余因书联帖赠之曰：“**宫绦三复白圭玷；季布一诺黄金斤。**”

呜呼！与朋友交，言而有信，杏春可谓今之古人，西清于是乎有子。

宝竹坡侍郎廷，我朝宗室也。在翰苑时，抗疏直言，不避权贵，有伯雨百八之风。比荐升六卿，视学两浙，揭来钱塘上，因乘江山船，悦一歌妓，纳诸使署，投劾去官。盖侍郎自知积怨盈廷，难保终吉，惟见先几而作取微罪而行，正所以为明哲矣。归隐后，每逢改岁，辄撰造春帖，札闼解嘲，过客见之，争相传诵。尝为子授室，大书一联于堂楹曰：“**多富多寿多男子；不痴不聋不家翁。**”虽游戏文章，亦隽妙乃尔。

外兄邹镜塘宝惠茂才，尝佐陈六笙中丞幕，过京口时，同登北固。中丞固善书，欲留联帖点缀江山，属镜塘撰文。镜塘集句曰：“**我辈复登临，旧业已随征战尽；大江流日夜，天风长送海涛来。**”近闻端午桥中丞重修黄鹤楼，制一联曰：“**我辈复登临，昔人已乘黄鹤去；大江流日夜，此心吾与白鸥盟。**”虽音调圆响，少逊于邹，而集古自然，亦不失为遒峭也。

同治年间，军需方亟，英果敏公抚皖，尝徇僚属之请，将设妓捐局，徵赋女闾。北里惊传，相顾颦蹙。有某省秀才者，江湖落魄，耽玩青楼，粥粥群雌，皆其素稔。是日适闻众叹，研诘得故，乃轩眉攘腕而大言曰：“此何难哉！苟醵二百金为我寿，吾能为若免之。”众哂未信，言之益庄。众曰：“诺。”秀才用红笺大书十四字，夜揭于辕门曰：“**大中丞爱财入髓；小女子为国捐躯。**”翌旦，或持白公。公见之悔，立寝其事。秀才竟获厚赠，整归装焉。昔贾捐之语妙天下，何物穷措大，居然比美君房，足以传矣。

京都大贾吴介堂以同里故，时相接洽。一日以成句属余书联曰：“**岂能尽如人意；但求无愧我心。**”余曰：“此二语未免视人太卑，自处太高，非所宜用。”因略易其文曰：“**岂能尽如我意；但求无愧人心。**”重读人字，乃牛犬反对之人，非自己正对之人也。介堂叹服持去。自乞假南归，久栖东海，应求寖广，阅历亦深，爰复易其文曰：“**但求尽如人意；岂能无愧我心。**”用八分书揭诸项脊轩内，虽止量移数字，顿觉更上一层矣。

余久居玭山，与土人狎习，每有黏帖于门求余属对者，虽语多近俚，亦足见心思，旧录之以资初学谈柄焉。

尝出句曰："背心无两袖。"余将以"头面"对"背心"。头面者，崇明新嫁娘褖饰也。下加三字较难自然，门下陈生对之曰："口面有双钩。"口面者，优伶所带假须，故用双钩以缀于耳际也。又有句曰："**三个半斤斤半酒**。"盖四字颠倒成句，众以为难。余属对曰："**一枝双响响双声**。"双响者，玭地竹爆也。又句云："**鱼卡卡喉中，不上不下**。"玭人谓鱼骨鲠为卡，俗书固有此字。余属之曰："**鸭阑阑口外，有西有东**。"江北村庄沟港外多编竹栅以畜鹅鸭，且"柬"字半似"西"半似"东"也。又句云："**日穿破壁，这条光棍难拿**。"余属曰："**雪满醋坊，是处寒酸相会**。"又句曰："**树影横溪，鱼戏枝头鸦宿水**。"众莫能对。余曰："此掉虚法耳。"即属曰："**山图张壁，鼠行野外虎归房**。"又有句曰："**一舟二客三四伙，挂起五六叶篷，行经七八日，到九江还欠十里半**。"众谓无可置对。余笑曰："不难，彼走窄路，吾走宽路，何伤乎！"即属之曰："**黑面赤心青白汉，披来紫绛色衣，镶著翠蓝云，过黄河误入绿林班**。"门下皆疑"班"不通"斑"，难对"半"字。余曰："子未学《礼》乎！《王制》：班白者不提挈。注云：杂色曰班。"众大服。今坊刻有改作"斑"者，惟监本未改，检字典自知。

陈晓枫参军听鼓两淮，尝佐修《盐法志》。后以游律之学，累客场幕，耳其名者，争拥彗焉。因项生韵涛

获于余，尝欲乞余篆书。余乃制一琴对赠之曰：“**叔达独造五代史；仲弓能令三公惭。**”句亦平平，唯贴切其姓，附会其事，差愈于熟烂者。

方平山思允鹾尹，自栟茶量移掘港，修葺廨宇，其二堂有粉屏六扇，以蔽内外。属余代制联帖，藉志雪鸿。余信笔书曰：“**讼庭自生芳草；官阁只种梅花。**”方君甚喜，立命漆工刻而髹之。未几以南灶煎丁聚众哄堂，寝不听讼。适方夫人亦远归江右，遂致官署阒如。回视前联，竟成语谶。少陵所谓文章有神者，其然岂其然乎？

狼山镇总戎李湘帆祥椿军门，因巡视海洋各口，道过掘港，踵余门投谒。余畏寒晏起，未及盥漱，乃婉谢之。次日将往拜，遣探行辕，始知军门即以昨夕遄行矣。晤胡桃圃都戎，询悉军门本由邑令起家，后以投笔从戎，荐升今秩。生平敬章甫，喜不律，颇不欲与绛灌伍，盖雅人也。于是检匣中珊瑚笺为制联语遗之曰：“**儒将轻裘缓带；谪仙斗酒百篇。**”此帖揭诸堂楹，未知临淮旌旗一变色否？

曩在都门，暇辄游琉璃厂肆。松竹斋主人每得名人联帖，多就我审别真赝。尝见五言者二联，皆郑板桥迹也。一曰：“**束云归砚匣；催月上琴台。**”一曰：“**搜诗出石缝；裁梦入花心。**”六言者一，徐天池迹也，曰：“**堤柳迎风下拜；溪荷出水新妆。**”并系行书，超逸有致。七言者一，姚伯昂迹也，曰：“**情鉴今之特健药；慎言古有摩兜坚。**”系八分书，雅近完白。九言者一联，杭堇浦迹也，曰：“**作客思秋，议图赤脚婢；品茶入室，爱仿长须奴。**”名士风流，文字俱妙。丁未夏，在丁溪场署得见近人吴石潜缩刻诸家楹帖，此数联已羼入其中，惟天池一帖则上联易为“**隔岸垂杨笑语**”，殊嫌臆造，且字复陋劣可憎；板桥两帖，则强合为一，径以“束云”俪“裁梦”云云，稍欠工致，固亦无妨，而字迹亦如婢学夫人，吾不欲观之矣。

唐菊夫鹾尹任余西时，于署门左右植两牌楼。右榜曰“**金石西峙**”，左榜曰“**角凤东来**”。盖余西场境有金沙、石港界其西，角斜、余东界其东，余东古名凤城故也。或议之曰：“金石可以为偶，角凤相联，岂非强配乎？”余曰：“凤皇瑞鸟，角端亦瑞兽，何不相配之有。”或又曰：“角端之‘角’字当作‘甪’，音则读鹿，可牵混于角斜乎？”余笑曰：“角字本有鹿音，《毛诗·麟趾篇》所以与族协韵也。甪不成字，必浅人所为，胡足为据。即如‘余’字本有‘斜’音，汉碑‘斜谷’作‘余谷’，是其明证。近人于人姓读若‘斜’者，辄改其字为‘佘’，亦不复成字，同一浅陋可笑耳。”

昔刘文正公之薨也，纪文达公特撰挽联曰：“**岱色苍茫众山小；天容惨澹大星沉。**”句奇语重，诚如梁氏《丛话》所云。近闻方子箴廉访挽曾文正公联曰：“**衡岳云开天柱峻；大江星陨石城寒。**”似欲追步河间者。方公尝与余邂逅焦山，谈次及此，且曰：“当制联时，非不刻意摹效，比脱稿后，络诵数过，自觉弗如远甚，奈何？”余曰：“凡作文既争词藻，亦争音调，公此联侔色揣称，可谓尽善，独无噌吰之声耳。”公问：“可修饰乎？”余曰：“可。”爰捉笔书曰：“**天柱云撑衡岳老；石城星落大江空。**”公击节曰：“得之矣。”

余三至都门，皆寓蝶园，主人崇君伯鸿属集唐句，广造联帖。余取其庋架九百卷列之案头，将大肆搜括。伯鸿止之曰："此太邱道广子，何为效之？"亟呼僮撤去，持蘅塘选本以进。余哂曰："此儿时熟习者，何用披寻！"于是遍索枯肠，得联数十副，兹记其可记者。园门云："**绿竹入幽径，仙桃正发花。**"花洞云："**幽映每白日，隐处惟孤云。**"支更所云："**五更疏欲断，三径苦无资。**"洒扫所云："**淮南一叶下，北斗七星高。**"书斋云："**艰难苦恨繁霜鬓，霄汉常悬捧日心。**"伯鸿皆剧赏之。

吾乡人曹甲流寓于玭，与余同巷，设餐霞馆，号为豫园。墨客文人，往往竭来其间，藉资消遣，余亦日月至焉。曹每叹生涯猥贱，苦无寸田可治生计，正自不得不然。一日呈宣州笺乞作楹帖，余以其人长者，不欲却之。爰摘唐人句曰："**罢归无旧业；谈笑有鸿儒。**"适一俗士旁睨而哂曰："属对尚未尽工。"诘之，则曰："以'无'对'有'工矣，以'旧'对'鸿'殊未工也。"余未及答，吾友遽折之曰："工正在此，非尔所知。"俗士愕眙而已。旧留，亦鸟名，或作鹠，故吾友云然。

如皋江君茝林素有干局，始为邑掾吏，继以赀郎出山，需次皖江，旋亦引退。乡党中事无巨细，皆预商榷，交游称盛，余独未识其人。姻家徐润斋参军与之善，尝乞余制联帖颂君六十诞辰，时新正未破也。因书句曰："**千寻潭水，三叠歌声，接座尽名流，何必谪仙逢李白；一片冰心，半生侠骨，杖乡推独步，故应览揆傍梅花。**"

同里奚君敬亭，余世交也。生平机牙肆应，综核尤长，以致鹾务、典务、各省赈务，先后延聘不绝。乙巳之夏，病殁邗江。余亟制联寄挽曰："**一腔热血，满腹精神，到处为人谋，山海蓬飘难驻足；三代交情，卌年友谊，忽闻先我逝，江城梅落特酸心。**"

俗事俗语，往往自然成对，其字面反正相衔者，如"**小题大做；远约近还**""**长装短卸；旧店新开**""**荤汤素做；陈稻新砻**""**宽裁窄做；冷面热汤**""**高吹低唱；里布外绸**""**人才不可小用；强将必无弱兵**"之类皆是也。又有织绸杼轴，用以织布，其布最佳，命曰"绸机布"，或对以"[illegible]式鞋"。或曰，花有木本、草本之别，即对以"草本花"。又有锡镴最佳者，名"点铜锡"，或对以"和水油"，亦觉工力悉敌云。

寻常伧野之联，亦未尝无可传者。曩见刀镊工门署一联曰："**休言毫末交易；恰是顶上工夫。**"此二语令人点首。又见饭菜肆柱揭一联曰："**你休夸是大肚罗汉；俺最喜得净盘将军。**"此二语令人抚掌。

太常仙蝶，盛称都下，由来久矣。余同年生延子澄清学士既纂《蝶仙小史》，又辑《蝶史楹联》，丁未冬寄余一册，中惟徐花农侍郎两联最佳，且各系以短引，特并录之。其一曰："余居京师懒眠胡同，是为接叶亭旧地。每岁杏花开时，仙蝶必至，住辄数日，因增筑驻春轩，且题一联曰：'**接叶小亭开，偶然携客同登，适值仙踪排闼至；移花香国拓，莫是关春不住，为探芳信过墙来。**'"其二曰："金子才孝廉在粤东得余书之次日，仙翁集于彼斋，因筑来鸿迎蝶馆，乞余为联，书此寄之云：'**秋雁向南飞，慰子相思，莫上河梁嗟柳色；春驹从北至，带余吟梦，还过岭峤访梅花。**'"两联清新俊逸，能化无情为有情，故是作手。

延君子澄，久居京师东单牌楼之方巾巷，因太常仙子枉顾，自榜其堂曰"来蝶轩"。同人赠联者络绎，昨索联帖于余，即集句寄之曰：“**姗姗其来迟；栩栩然蝶也。**”君报书属增缀数字于下，余忖君旨，殆嫌短句之相形见绌欤？顾两句皆系成语，无可续貂，不得已为易十八字曰：“**来之则安之，如东蒙主；蝶也即周也，见南华经。**”子澄乃悦，盖君本蒙古旧部，上联若有巧合焉。

距伍佑场十五里，地名便仓，有卞氏宗祠在焉，相传为东晋卞壶后裔。祠中牡丹最盛，国色天香，阗咽墀之左右，每值卞人有喜，辄生重台一株，若报主知者。花时游人如织，并不敢攀折，恐得罪于花神也。门前大署一联曰：“**忠贞五十七世；牡丹八百余年。**”余客珠溪幕时，伍佑，古名珠溪。同人往观，余未果从，归述其联，余以为质而不文，爰易之曰：“**六十代忠贞苗裔；八百年富贵花王。**”

吾宗稚青廿三兄，尝使长男嵩龄从余受业，其入泮之年，余方淹滞江乡，旅囊垂罄，偶诣中泠泉湢馆，与兄邂逅，既称贺，遂馈我兼金。丁未春，兄卒于吴陵，余未之知也。时挂帆往珠溪，涂遇颜甥琛书，两舟相辅而行，茶话篷窗，始闻凶耗。怅然良久，爰制诔联云：“**沂浴当年，值疏受搴芹，遂蒙雅意酬金，颇似雪中叨送炭；湖游将夕，招魏舒啜茗，为报新丧含玉，顿教月下感吹埙。**”

有竹亭禅师者，玭山金龙神祠住持也。其母怀妊时，即不茹荤酒，既长不知肉味。铬发后，成行精严，为诸释子冠。貌亦清癯如鹤，耄而弗衰。生平博通藏经，又笃嗜碑帖。余素鲜方外交，独伟视之。尝集句为联赠之曰：“**诸法空相生不灭；长乐无极老复丁。**”师并能道其来历焉。

辛未廷试，余寓都门之蝶园，与晋少谷康学士居相距不里所。学士高才博识，暇辄过我大谈，尝谓望曰：“昨偶得一梦，似游古刹，有老衲趺坐丈室，见客殊偃蹇不为礼，壁悬联帖，系擘窠大书，凡十字，曰：‘无人月欲下；有佛松不言。’无因也，无想也，谁为为之，颇可怪否？”望唯唯。然私谓学士杜撰此句，托之趾离，以示神奇耳。既余归隐于碧霞山南，己酉之秋，亦偶得一梦，似故家别墅。入旁舍，则见员山静瑟，响泉韵磬，岑华镂管，晡泽雕钟，陈设若固有。北壁下图书满案，壁悬联帖，系素楮墨书，凡十四字。曰：“松鳞竹角岁为比；稻海麦丘年屡丰。”初止见“稻海”二字，及迁书卒读，乃得全句。既醒，觉逋峭之致，历历犹在目前，何因欤？何想欤？诚不知谁为为之矣。学士岂欺我哉！

江宁会馆在京师宣武门外南半截胡同，其西院落揭榜曰“小瀛洲”。光绪己丑恩科江南乡试，阖属中式者十有八人，故得是名。堂中长联抱柱，系黄慎之学士篆书者。联云：“种竹窗前，愿个个平安，三千里常通日报；看花陌上，祝绵绵科第，十八公代嬗风流。”盖名场盛事也。黄君庚辰状元，亦宁人，宜以是役属之。

族兄子燕孙臣翼，光绪丙子成进士，改中书，先我到阁。余癸未儤直时，相逐行走，犹形影焉。后闻其出官奉天，以同知叠权邑宰，荐升监司，近更卜筑陪京，有建家之志。顾东三省自日俄构衅，岌岌可危，加以胬匪出没其间，颇非乐土。余抚追昔，不得无情，却寄长联，以实堂柱，即由少琴从子函致之。其联曰：“履险亦如夷，况当辽沈清平，何异凤凰栖禁树；陟遐原自迩，倘忆金焦契阔，应同鹦鹉话家山。”不知燕孙读之，亦将感念莼鲈否也。

扬州胡翁，代业质库，家无恒产，衣食财足。媪李氏，伉俪并八旬余，老而健，累抱曾孙矣。以己酉岁之八月、十月，妇先夫后相继逝，尤奇者，并系甲午十八日也。余曰：“是不可不制长联以表扬之。”同人谓无从琢对。曰：“是不难。”爰为诔曰：“耄寿叠称觞，春庆春秋时无燠寒（翁诞三月），秋庆春秋时无燠寒（媪诞七月），最乐闻黄口英声，继子若孙，凤麟蔚起；仙缘同返驾，八月十八日在甲午，十月十八日在甲午，始共见白头偕老，羡夫与妇，鸶鹤追飞。”昔蒲氏《聊斋志异》载祝翁一则，深加褒叹。兹殆其流亚欤？

光绪戊戌变政，肇祸浏阳谭嗣同伏诛，其父谭继洵方抚湖北，亦连坐削职。有善谑者集成语为联以挽之曰：

“孝男罪孽深重，不自殒灭，祸延显考；微臣末学新进，罔识忌讳，干冒宸严。”一摘讣文头，一截制策尾，真可谓忍俊不禁。

光绪戊戌政变，都中六士骈诛，前已录挽联二则矣。兹闻某部郎一联甚佳，特补志云：“瑕瑜不掩，贵贱终殊，青竹杀千竿，柱下风雷悬直笔；时势如斯，功名安在，黄芝生六瓣，狱中星斗接寒铓。”愚按上联持论平允，下联用明季东林六君子故事，足令六人增价。六人者：谭嗣同、康广仁、刘光第、林旭、杨锐、杨深秀也。

耕娱太守之丧，长子杏庄茂才无禄早世，其子妇之弟夏少之贰尹，即太守之从女夫也。自日本游击回国，以县丞听鼓吴门，在甥馆久，时移家邗上，适丁母忧，不得往吊，将制挽联类叙其事，深以词逵为难，因乞余捉刀焉。联曰：“内兄电逝，吾姊孀居，自从东海归来，感下榻相留，一载深情隆馆粲；郡守星沈，乡人雨集，偏值北堂变故，等杜门不出，六亲同运哭缞麻。”

扬州公家花园，为纨绮子弟游玩之所，花宴追欢，竹牌赌胜，无虚日也。有以短联乞书者，余为截取唐人诗句以贻之，曰：“银烛玳筵起舞；隐囊纱帽弹棋。”盖纪其实云。

长沙王益吾先谦祭酒视学江左，按临吾郡，时以《说文》同意诸字说命为童子观风题。适余有拟作一篇，甫脱稿，从弟厚徵亟录入卷，祭酒极口嘉许，且留刻焉。生平嗜学如命，爱才亦如命，徒以直言敢谏，不获终其任而去，苏人士咸惜之。既挂冠归，主讲某书院，大不理于乡评。闻士林赠以联句曰：“经无益，史无益，古文更无益，一课半年，料益吾终于无益；嫖为先，赌为先，小旦又为先，九流三教，问先谦何以为先。”噫！孔子云“众恶必察”，有以哉！

有翁笠渔者，湖南人也。筮仕江苏，起家小吏，荐升大令，铜章墨绶，意气自豪。又善事京辇贵官，每偻指称扬，以见结纳之盛。尝值初度，屏幛生辉，或赠巨联嘲之曰：“昆山县，山阳县，阳湖县，湖滨从九，历任至四五年知县；铁宝臣，宝瑞臣，瑞鼎臣，鼎足而三，论交皆一二品名臣。”此联天造地设，巧妙绝伦，其用字多蝉联而下，固已奇矣。其纪数则四五适合于九，一二适合于三，乃奇之又奇。发艺苑之谈锋，佐宦途之笑柄，必传何疑。

钱塘吴君仲远允徕，以分转灌谒淮南，三十年未得真除，泊如也。暇喜为诗，余馆邗上，时与唱和。尤工绘事，出入其乡奚蒙泉、戴文节之间。余尝以纨扇贻之，君为作墨笔山水，却以见赠。邗境有下街茶社栉比，临河小筑游眺为宜。君于佳处留一联曰：“招凉红藕花中，莫草草错过夏日；戴笔绿杨城北，壹丝丝画出春晴。”潇洒多姿，脱尽人间烟火气。

江阴何莲舫太守，自广信罢官后，隐居邗上，托业淮鹾。自刻《悔余庵全集》行世，胎息庄骚。曾文正公剧嘉许之，尝手书一联，以贻太守曰：“千顷太湖，偶与陶朱同泛宅；二分明月，合随何逊共移家。”文正名臣，悔余名士，清词健笔，传示后来，不止为子孙永宝也。

吾乡蔡守愚布衣，善写墨竹，摆脱文命时、吴秋声之成法，疏密斜整，自抒胸臆。书近东坡，间为小诗，冬心、冬花之流也。壮岁以岐黄游公卿间，晚则授其次子。筑草堂于城隅，名曰“见在”。同人爱其伉爽，咸乐与交。守愚又号薮渔。余曾偕戴君笠樵造之，目为渔樵伴侣，因题其《写竹图》。既以老病卒，族侄铭辛特制诔联曰：“**名士有侠烈士风，谈天下事，慷慨激昂，每值引杯看剑，勃勃欲鸣，气节是镇志第一流，勿因艺擅郑虔，转以多能掩硕德；旧交于贫贱交笃，恤故人家，委曲周挚，甚至破产典裘，殷殷不已，品诣在《汉书》独行传，倘疑碑刊郭泰，合将私谥阐幽光。**”文能荣人，守愚不死。

掘港场盐官署后轩，遗临北郊极浦，迢迢禅林，隐隐蒲出没，梵呗悠扬，静坐其间，辄翛然生尘外想。番禺冯琴南参军摄篆时，自撰一联，属余书作楹帖曰：“**云开帆影随流远；风送钟声隔树来。**”余乃代订下句曰：“**风定钟声隔树间。**”琴南笑曰：“昔贾长江谓昌黎为一字师，君可谓两字师已。”

两淮参军张君范庭，亦曾绾篆掘港，非义之财，绝不染指，童仆辈不堪其苦，陆续散去，给役左右者，止一老奴。君喜为诗，与余唱和，略无厌倦。时米珠薪桂，民生不聊，君严禁私贩出境，绅董苞苴请托者，概峻拒之，市价为之渐贬。尝语余曰：“掘米足敷掘食，彼假平粜，不如我真阑禁也。”余叹为名言，因大书联帖赠之曰：“**受孔子第三戒；与杨公同一清。**”而君则谦让未遑焉。

自光绪庚子以来，朝廷锐意求才，颁行新政，学堂林立于天下。铭辛侄以老明经授课鄂垣农桑学校，旋就吾郡南书院扩充作中学堂，徒以引用私人，为东洋留学诸生揞击而去。后移席金陵思益小校，非所乐也，竟郁郁以卒。吾子宗抃撰联挽之云：“**学问争性道事功，故宗族戚党交游相率噪其名，岂徒酒中圣，诗中伯，文中健将；教育遍江湖流域，奈普通专门高等皆未竟厥志，是为家之衰，乡之忧，国之不祥。**”按是联具有少年气象，姑予存之，然声已过情，大而搟已。

京师自康党、拳匪迭哄后，举措日乖，时局益坏，甚至经济特种所取士，立予杖毙；朝廷诸大政，仅二三亲贵主持。于是列国耽耽，争据形胜；诸公衮衮，自扫门庭。沪上各报馆诋諆之言，层见叠出。或登一联于报纸曰：“**下诏罪人，破格用己；凭公分国，尽忠报家。**”颠倒互易，既工且确，士林多诵之。又有一联曰：“**实事求非，集思广损；励精图乱，发愤为雌。**”是又赅括兴学、徵兵种种新法，特取反对字为之，亦复机锋隽绝也。

近来各行省幕府人材，愈益凡下，公牍文字，俨如锓板。有代集一联者曰：“**请示施行，合无仰恳；如详办理，自有权衡。**”寥寥十六字，而下谄上骄情状靡不毕现。又有一联曰：“**在前疏防，力图后效；查无实据，事出有因。**”嗟乎！得此十六字，则庸妄溺职、贪污获咎诸大员，皆恃作护身符，侈然无恐矣。前途吏治，尚何望哉！

余久居玭山，颇鲜过从，所可与言者，惟老友王竺波一人。日者方共杯勺，笑谓余曰：“近有自制楹帖，乞兄赐墨可乎？”余欣然请句，越日即为书之。其联曰：“**名利总输人，止赢得襟上酒痕，袖中诗卷；光阴如过客，莫孤负春秋佳日，风月良宵。**”此联风流倜傥，至老不衰，譬尝海一瓢，可知盐味。

皖江有忍寒道人者，佥谓其百余岁矣。来游邗上，与余邂逅酒肆，论前生交，余固笑而不信也。尝请作楹帖，自手巨笺，且说句曰：“**愿天常生好人，愿人常行好事。**”乞为属对，余代对曰：“**问世可有知己，问己可能知心。**”道人喜曰：“上联所谓放之弥乎六合，下联所谓卷之退藏于密矣。”爰用小欧阳《道因碑》法大书之。

昔余儤直凤池，与李盘新比部并寓即升店，每论时艰，辄发慷慨。适值居梅君仁守、朱蓉生一新两侍御，先后抗疏言事，均得左迁，余为盘新书一联黏于壁曰：“**鸿便白丁同陋室；狗屠朱亥共悲歌。**”或见之曰：“梅君贤者，加以韩卢之目，毋乃唐突西施。”余曰：“子不闻姑布子卿相我孔子乎，何唐突之有？”又一人曰：“‘儒’字无侧音。”余曰：“‘儒”字无侧音，‘偄’字岂其平音乎，故借‘偄’为‘儒’，不惟宪章汉碑，亦以调停唐韵也。”盘新狂喜，立付裱褙焉。

粤西陈公六笙，初仕于浙，即摄杭嘉湖道。挂议后，再以同知起家，历官至福建巡抚，晋督闽浙。卒以儿辈无似，复由吏议罢官，终老杭州，因就湖上筑生圹

一区。自署墓门联句曰：“**黄土一抔，山中人留以有待；白云千载，天下事作如是观。**”公其有隐慨欤！公始佐浙抚蒋芗泉中丞幕，比将去，悉封所赠物还之。中丞尼之曰：“子之须亦幕中所留者，如必欲行，宜见还也。”公即鬄而函致之。生平用书法知名，先仿东坡，后乃浸淫六朝，风格蕴藉，略如其人云。

友人庄心笔谏，与戴南村畋同卜一宅厅事共之，一日以堂前楹帖来请于余。余念兼署两君之款，浮泛偏枯，皆非合作。故先出下联曰：“**礼仪三百，威仪三千。**”二人相视默然，莫知其对，乃出上联曰：“**寓言十九，重言十七。**”于是同声叹曰：“文章本天成也。”

王子绀岑绍棟，于京口江干设宾馆，迓四方游客，余返里亦时驻其中。庚寅岁至，以二月王子请书楹联。余信笔书曰：“**胜友如云，高朋满坐；楼台得月，花木逢春。**”小住至四月，王请易一联。余又书曰：“**麦气迎秋，梅炎藻夏；廛闬摸地，歌吹沸天。**”既而夏尽秋来，余束归装矣。王请以通套语作长年楹帖，余曰：“可。”乃书曰：“**王公舆台，皆以诚接；孔墨庄老，视犹灰尘。**”或谓下联词近占佢。余曰：“此用王姓故实耳，何嫌乎。”

邹霞珊女士，乳名网珠，戚党间目为闺房之秀者也。女红而外，喜弄柔翰，《昭明文选》，其夙好也。尝索余书妆阁联帖，余集句赠之曰：“**佩纷纶其繁饰；步逍遥以自娱。**”霞甚喜，一日泥余属对，余应声响答，凡数联矣。最后出句曰：“**佛手剪秋萝。**”一果名，一花名，自然联络，殊觉不易。余踌躇半晌，遽曰：“‘**君眉迎春柳**’，此语何如？”霞默然无答，岂疑言近黏矣。茶叶有名“老君眉”者，吾乡呼为“君眉”。“迎春柳”则月季花之一种。

妓名称文卿者甚伙，然未有佳联也。友人罗华亭眷一妓，名文卿，尝撰联贻之曰：“**文露自应成沆瀣；卿云只许近蓬莱。**”余见之笑曰：“语意虽佳，未能出色。”罗不服，因请余联。余书十二字曰：“**情生文，文生情；我怜卿，卿怜我。**”罗乃大服。

钱塘梁晋竹著《两般秋雨盦随笔》中载，山舟先生集《左传》一联曰：“**行道有福，能勤有继；居安思危，在约思纯。**”余嫌其上联有骊合迹，未能自然，尝为王君佐卿书斋中楹帖用《尚书》为上联曰“**好问則裕，自用则小**”云云，似较稳称焉。

友人泥余为僧作联，余固非腹笥三藏者，勉书其四尺一联曰：“**一花一世界；三藐三菩提。**”又以六尺者请书，为增一字，大书曰：“**是乐阿兰那行；非般若波罗蜜。**”

释家以目连救母故事，缘饰为盂兰会。每岁新秋良夜，香花馩馞，铙吹伧伫，而焚冥镪者，络绎于道，馒头白米，抛掷其间，到处皆然，号为豪举。镇江银山门侧，带阛通阓，醵资最易，故会事亦最多。好事者造作楹帖，揭诸经台，其词多俚鄙可笑，亦间有佳者。曾见一联曰：“**替鬼化缘，拈芝麻凑斗；请师作法，尽蜡烛念经。**”纯用吾乡谚语，可云巧不伤雅矣。余亦尝效颦纂成一联曰：“**饿鬼莫慌忙，吃饭须知防饭噎；高僧休懈怠，念经不怕少经钱。**”

王君旅居风神庙中，嫌其楹帖陋劣不文，自易其一，属余易其一。余凭阑凝眺，微阳一抹，秋色无边，即景兴怀，诗情更远。爰集唐人句曰：“**九月寒砧催木叶；暮天新雁起汀洲。**”书成，颇以属对未工为憾。而小道士礼徽极仰慕之，手素笺索余赠句。余仍集唐句曰：“**自是君身有仙骨；不秋思在谁家。**”

楹联以脱口而出不假雕琢者为高，顾不可多得。吾学师汪和卿亮钧夫子谓望云：“松江程斐君如达广文，昨来权郡庠篆，余卅年旧雨也，越十旬受代而去。濒行，余赠楹帖一事为别。句曰：‘**三十年前旧相识；一百日外有余欢。**’子谓何如？”望大叹服，以为老干无枝，非凡手可及。

辛未正月之杪，余随轺传北上，屯邅山左道中，天大风雪，莫取栖止。遥望山坳，炊烟缕缕，急就视之，古兰若也。投策径入，有老僧出逆客，棕鞋竹杖，禅意萧然。向余曰：“居士远来不易，名场辛苦否？”余唯唯。亲为余解装，安置丈室，立命小沙弥且蔬饭，且掇束缊火，付仆焙湿衣。余请其号，答曰：“如尢。”谈词骚雅，一洗阇黎陋习。壁间书画鞢，多出胜流，余心赏之。僧从容諈余留墨，志见在鸿爪因缘，余手行箧秃管，为制一联曰：“**如梦幻泡影，当作如是观；无色声香味，以无所得故。**”又书佛前一联曰：“**非法非非法，无明无无明。**”僧微笑称谢，抵暮篝灯，对踞藤轮，纵谈文献，闻荒鸡喔喔，始令归寝。翌日，雪不止，僧挽留甚殷，发山中自酿秫酒，暖以供客。余扣其俗家乡贯，则曰：“召伯埭、普贤墩人也。”余喜曰：“是同乡矣。”既薄醉，复书一联赠之曰：“**僧归岳外残钟寺，家在江南黄叶村。**”僧击节嘉叹，合十而谢曰：“集句至此，真绝唱也。”比余将行，僧摻袪曰：“一言欲告，恐阻锐进之志，君当以著作名世，非科第中人也。”余未深信，遂出门为别。

辛未冬，余在滦阳甥馆，热河都统库公仁庵克吉泰耳余名，致书来索春联，云将榜诸堂柱，余集句应之曰：“**帐下文书三幕府；雨中春树万人家。**”盖都署有三刑司襄理案牍，例以部郎为之，而承德府无城郭，大木千章，皆其屏翰也。库公得余联，喜将锓诸版，旋以闱场事发，不果。

老友朱荠樵，雉皋东里隐君子也。家饶于赀，而不乐仕进。所居有园亭花木之胜，一以耕读课其子孙，介张象周少尉交于余，尝授意余属代纂一联，将自榜于精舍。余贻以句曰：“**莲心夫子列御寇；菜肚老人黄庭坚。**”时象周少尉已萌退志，睹斯文激赏不已，且属余依样代制一联，以为他日归田之券。余笑曰：“君欲主点鬼簿耶？”爰更贻以句曰：“**九曲老樵陆务观；四明狂客贺知章。**”

盱眙王公侨孝廉仪郑为余言，京辇有诗钟之会，即竟陵击钵遗意也。贵在速藻，故佳句不多觏。近有某会，限七律一联，以“女”“花”字样，分嵌第二字，竟得杰作三卷，称鼎甲焉。其一卷曰：“**青女素娥都耐冷；名花倾国两相欢。**”凑拍自然，铢两悉称，然犹探花也。其一卷曰：“**商女不知亡国恨；落花犹似坠楼人。**”吊古苍凉，语如己出，然犹榜眼也。其一卷曰：“**神女生涯原似梦；落花时节又逢君。**”金丹融化，飘飘欲仙，真消得状元二字矣。公侨原名锡鬯，号伯恭。

《曲礼》云：“拟人必于其伦。”此风古矣。《晋书》所载“**日下荀鸣鹤，云间陆士龙**”，犹有相对相当之意。近人口舌轻薄，每用人物名字，簸弄作对，亦游戏三昧也。黄漱兰学使，名体芳，人遂以“**黄体芳**”对“**乌须菜**”。乌侍郎名拉布，人遂以“**乌拉布**”对“**红绣鞋**”。或曰：“此太佻达，且未工稳，不若‘**蚕吐丝**’为字字出力，摩之有棱也。”吾乡蔡云壑观察，名逢年，或以“**犬守夜**”为对，谑而虐矣。都下名优“**想九宵**”者，色艺号菊部冠，或以“**忘八旦**”为对。是则拟于其伦，真有叶叶花花之妙耳。

癸酉秋试，侨寓白门，暇日偕友人游东花园，见南向一门，入之无门焉者，登其堂无堂焉者，中悬绢素巨帧，修竹数竿，清风如动，的为板桥手迹。其旁辅以长联云：“**忍把浮名，换却浅斟低唱；若论能事，短于担粪着棋。**”堂之右有小门，再入焉，院中花石楚楚，斗室皆玻璃窗，就觇之，壁间又一联云：“**无工夫为人拭鼻涕；莫断送去我老头皮。**”友人曰：“是何粗俚乃尔，未免不称其居。”余笑曰：“君专治八股，不观杂书，宜有是论，此字字有来历，所谓玩世不恭也。”友人尚琐琐研究，余不复答，凭阑良久，不见主人而返。

梨园之妙，都下称最，沪上次之，吾镇又次之。然京口为长江锁钥，三山雄峙，仰控荆，俯引越，形势之胜，远驾吴淞。又舞扇歌衫，日新月盛，群雌粥粥，多自出金钱，命俦啸侣，非必豪贵挟之来游，此亦与申江小异已。近有新张曲篰，号荣华茶园，介黄君戒盦乞余楹联，以鼓观者之兴，且与庆乐园互相辉映，如骖之有靳焉。余为纂句，并书以贻之，曰：“**有人击檝南来，才饱看江山，又快听白雪三终，紫云九变；彼美捧觞东道，既浓熏花月，况正对霓裳五采，凤双飞。**”

余近来专心著述，所纂各种，以次编辑成帙，人多疑余坐享素封，是以有此清福。余亦乐得自任，弗与辩也。特自撰一联，拟悬诸项脊轩中。联曰：“**忧患始于识字；穷愁然后著书。**”将觅名手书之，尚未得其人耳。

里人支寿柏恒椿，之江健吏也。由邑令荐升郡丞，屡宰赤紧。当赭寇肆毒，身被八创，竟得不死。弟妹均及于难，因以子某为弟后，承难荫得官，而自缘德清任内盗案挂议落职，家杭州。其卒也，李志柏别驾与有素，当为挽联，丐文于余。余于寿柏无半面之识，徒徇其请而为之。辞曰：“**冠挂爱西湖，宦成白马青杉，与鲰生十载交游，尊酒雄谈，尽当代临民圭臬；碑铭高北固，梦醒红羊黑劫，看麟子一官祧荫，楹书细检，有传家杀贼弓刀。**”后闻其吊客中有读而叹者曰：“此联高唱入云，胡酷类丹徒赵制也。”

周鹭漪女士，风华绝代，有倾城之目。既嫁，不得于其夫，依母家以居，悒悒成疾，绵惙数年，终以不治。余与有葭莩亲，以礼制联吊之云：“**萼绿本仙根，最怜绣断鸳鸯，花樢难寻长命缕；华丹空国色，自叹梦回蝴蝶，药炉误费返魂香。**”此与蔡佩鸾外姊一联可相颉颃，而其人亦因之可想矣。

杭之西湖十景，有三潭印月者，佳处也。每当遥夜清秋，露凉风细，置身天光水色间，真觉玉宇琼楼如在左右也。余生平游踪称懒，未获一临，然胜具让人，而胜情正复不减。闻彭刚直雪琴宫保易名题有集唐一联曰：“**枫叶荻花秋瑟瑟；闲云潭影日悠悠。**”按此联余已累见，一见于荆溪《映雪斋集诗》，孙竹堂笔也；一见于江西《百花洲集》对，阮芸台笔也。梁氏《丛话》中，又谓集自彭文勤，则主之者众已。在刚直公偶然阍合，原非故袭前贤，顾何必使拾慧家藉为口实。余别有集唐一

联云：“明月自来还自去；汀洲无浪复无烟。”亦何尝非人人意中听有乎。

和卿师书示望曰：闽县王可庄仁堪殿撰，来守润州，于郡斋东偏隙地，小有结构，竹篱茅舍，楚楚可观。属其同乡孝廉叶临恭大庄明府作联曰：“郡斋读书，借官地二亩；太守爱士，得广厦万间。”余窃嫌末句占实，不如拓空为妙，因请易“得”字为“抵”字，同人皆为首肯，而太守意犹未惬。越数日，招余赏菊，此联已悬壁间，上联犹是，下联则易为“江城如画，看烟树万家”，询之则太守自改也，毕竟名士吐属，与众不同。

太守又以园中楹帖属和卿师，师为撰拟，凡有数联，中一联最佳。曰：“众香国中自来去；百花头上早安排。”确是王状元园亭，他人不得移掇一字。

吴门陆听之先生希文，来铎镇庠。望已贡成均，未尝亲炙。然知先生古之人也，与和卿师交最笃。先生偶病，和卿师亦小不适，于枕上制诔联，联成而先生复起，即以联示先生，先生欣然称赏。比再以病殁，仍用此联题缪幕焉。其文曰：“生同郡，游同门（早岁并受业胡若卿孝廉），还同月，官同庠，三十年来，谊结朱陈（和卿师少子兰楣太史，为先生女夫），情逾管鲍；学不厌，教不倦，省不疚，犯不校，六百石内，望隆山斗，派衍苏湖。”是联也，以为金兰谱也可，以为言行录也可，而费芸舫延釐宫允谓少哀挽意，其然，岂其然乎。

费宫允自视学福建，典试河南后，旋乞骸骨归吴中，殆非今之斗筲人也。于兰楣太史，以词林先后进为陆氏亚兄弟。故宫允之卒也，阃内寓书弟，索太史哀联甚急，而太史供职木天，远莫能致。和卿师命望代制，望拟联曰：“**惟大儒作闽洛游，再以人事君，宠利不居，难进易退；于小于为邢谭谊，五曰考终命，老成有典，虽亡如存。**”未即献，而师已自撰一联曰：“**扬帆闽海，弭节嵩山，玉尺遍量才，何期职解青宫，遽寻洞府神仙药；易箦苏台，飞书京辇，琼林惭接武，惟有盛传斑管，遥答深闺姊妹花。**”冠冕堂皇，另是一副笔墨，望深为叹服。然师亦许望作有经术气，因并录之。

可庄太守，既量移苏州，吾郡之人，留之不得，争献牌额，以颂其德，先后络绎，殆无虚日。中有绛缯金书长联，奇肆雄古，语意致佳。其句云：“**策河者三，命农者三，建学校者三，况复揽英接秀，四字见汉碑，吐握者三，政报三年，公署上上考，而公且去；簪花第一，饮泉第一，守江山第一，坟应捍患御灾，治平第一，化先一郡，民皆皞皞如，而民不庸。**”盖吾宗铭辛手华也。

北固山颠，近建魁果肃公专祠，公即望所称时若师也。祠与彭刚直、杨勇悫为邻。将落成，望入谒，题联堂柱曰：“**气壮江山，人地咸称第一；名垂宇宙，彭杨鼎峙而三。**”其堂东有小轩，前植牡丹四三本，沙鸟风帆，都在几席。余又集成句题其柱曰：“**到此诗情应更远；动人春色不须多。**”公子穆少若克登布观察，需次金陵，拟往晤，未果。

余镇城故宅，在白马坊，又名药师庵。宅东有屋一幢，中供药师佛，即青苔寺遗址也。佛龛前有一联云：“**上药养命，中药养性；未觉为如，今觉为来。**”不知何人手笔，见先中议公录本中。兵燹后轮奂重新，而此联则鲜能道之者。

子枚从兄居药师庵旧宅，宅中故有留云阁，阁材液樠，就改为亭，其中藏书积数百卷，闭户钩稽，人迹罕至。亭下饶有花果，挥锄抱瓮，乐此不疲。余书联帖赠兄曰：“**小园赋平生萧瑟；大荒经冬夏播琴。**”以兄性嗜古，敬依大篆为之。

京口烟寮，日新月盛，近有师船某官，特辟一馆，榜曰“斯为美”。楼台高朗，屏榻精良，视沪上南诚信号，殆称具体。顾沪上专售合甫容膏，蜂使雉媒，止于拔来报往。此则兼为狎妓饮酒之所，连宵达旦，裙屐如狂，于是南部烟花，不仅艳夸三月矣。余亦尝偕同人翱翔其间，信口说一联曰：“**喷云泄雾藏半腹；玉箫金管坐两头。**”同人夸曰：“昌黎一代文宗，谪仙一代诗伯，子厚、子美尚居其次，此二语可谓俪匹天然。”馆主闻之，固请余书，迟回数日未报，忽奉官府禁令，味澹声希，遂不复堪此联已！一笑志之。

吾郡青苔寺址，近增建文昌宫，上为魁星阁，三层耸峙，高控全城，烟火万家，尽出其下。宗人铭辛讲学于上，欲署楹帖，以壮观瞻，因以属余。余为制句曰：“**高处碧霄寒，平挹三台，绝顶占南州冠冕；中兴文教盛，全包万象，等身储东壁图书。**”既而余过府廨，见宅门有可庄太守自署一联曰：“**西园翰墨；北府旌旗。**”不禁笑曰：“燕公大手笔，今乃被捋扯于吾郡中矣。”

唐宋人近体诗句，多可摘作楹联者，然如：“**林间扫石安棋局；岩下分泉递酒杯。**”“**得饱罢挥求米帖；爱眠新著毁茶文。**”虽甚骚雅，而殊乏新意。余所爱书者，如：“**野客病时分竹米；邻翁齐日乞藤花。**”“**耄柳已**

鬓何再发；孺槐才爪可迟梳。”真觉楚楚有致，固不嫌其细已甚耳。

梁氏《丛话》载有床前联曰：“卿须怜我我怜卿；色即是空空即色。”谓上句出自鹾商，下句对自儒士者。且云对句意含规刺，足胜上联。但细按之，皆不能贴合“床”字，故有移作镜台联者，转觉有致。近某校书新制一床，素联于余，余无以应，友人莫殊庭云莱司马代余撰句云：“举却阿堵物去；欲于何处坐来。”此则在不离不即间耳。

李氏《剩话》载某翁幼业鼓刀，后废居得利，进身为大贾。其卒也，或挽以联曰：“此去自应成佛果；再来何忍过君门。”暗藏“屠”字，殊有巧思，但嫌伤忠厚耳。余居海上，与某屠对宇，尝请为肉格春帖，余赠句云：“他日当立地成佛；此中有宰天下才。”

友人有以二月十二日合卺者，或赠贺联，拟用“二分春色到花朝”成句，而苦无其偶。余代对之曰：“三叠秋屏遭琴枕。”一时同拟者，如“万里寒光生积雪”“一去紫台连朔漠”“九月寒砧催木叶”等语，均不可用。

子枚兄既嗜古钱，尤好醇酿，老而弥笃，有终焉之志。戊戌夏，余赠一联曰：“泉文五铢半两；酒价一斗十千。”兄剧赏之。

有马氏子赘于卢，卢固微贱而家幸小康，即江上设鱼牙，懋迁日盛，漫淫与绅衿交，沾沾自喜。应秀才子衡赠联戏之曰：“两姓合成驴，卢翁马婿；一言知是鳖，鳖本从黾（黾、虫、鱼三部可通，故俗体从鱼。敝业鱼行）。”闻者无不绝倒。子衡性聪敏，善嘲谑，书画并楚楚可观。是联虽伤忠厚，然亦巧矣。润生孝廉颇乐道之。

光绪庚子夏，直北拳民与泰西教士构难，焚堂戕众，如沸如羹。遂致各国兴问罪之师，巨万联军，云集畿辅，首善重地，岌岌可危。六月廿六日，恭逢圣寿三旬令节，玭山一角，僻近沧溟，犹复结彩张灯，举行庆典，通衢坊肆，合构长棚，由东西两门往来出入。其东有额曰“泰和玉烛”，有联曰：“执玉帛者万国；舞千羽于两阶。”其西有额曰“震旦金轮”，有联曰：“凤凰麒麟皆在；鸳鸯鸿雁于飞。”诚可谓世外桃源，隔绝人间阡陌矣。

铅山蒋咏卿志沂分转，权判通鹾，聘余主文正书院皋比一席。院在古卖鱼湾，即文文山渡海处。今曰石港场，通分司驻所。余亲至其地，见讲堂闳敞，后院老树两株，干云蔽日，皆大十围，顾而乐之。唯匾表楹联多陴陋少文，殊为减色。时廷议罢斥八股，余方釐定新章，颇与诸生合研中西之学，爰制长帖，揭于堂柱曰：“本致知格物，扩充至电化光声，最难博习亲师，切磋尽善，问阐扬大造，何等胸襟；由铸史镕经，发越为风流文采，况复旁行画革，槃敦交通，看包络全球，还凭手笔。”

秦淮一水，本六代名区。近自赭寇殄灭以还，承平日久，诸瀹茗酿曲者，竞构高屋，以招游人。有茶寮署名“临溪阁”，后改“德星聚”。其楼上楹帖，多由名人分任撰书而成，故佳句迭出。余既狎至其地，得类志之。一联曰：“隔水见锺山，拄笏闲温六朝梦；邻

家得明月（南邻“得月台”，亦茶社）**，卷帘商兑二分秋。**”又联曰：“**临水三间，红板往来潮，无非画本；登楼一笑，南朝兴废事，都付茶余。**”又联曰：“**名士过江多，问谁是仲弓慈明，朗应德星，凭几尺楼高，能教下界惊传，道此间五百里有贤人聚集；繁华如梦醒，就我看锺山淮水，寖成今日，趁半瓯茶熟，欲话列朝兴废，把一部十七史从何处说来。**”至作者姓名，则予忘之矣。有酒肆号“三柳居”，最后一室，数榻纵横，兼售合浦融膏，盖主投客好，类如此者，亦风气然也。壁悬一联，亦颇不恶。曰：“**欹枕见锺山，且收拾雄心，来领取烟霞供养；隔帘歌玉树，莫感怀往事，只随同风月沉酣。**”款署“云路倦飞人”，姓名不可考。

韩叔屺弼元世丈，以名进士观政秋曹，早已休归，先后主讲钟山、梅花两书院。癸卯秋，重赴鹿鸣，其少子葆琛亦中是科副车，与吾子宗抃又有齐年之谊。乙巳春，丈归道山，已八十余矣。余适远在杭州，邮寄一联挽之曰：“**公是韩伯休耶；我则随武子乎。**”自谓言简意赅，未许他人移掇。

寿汪联既拟就，购取彩帖便索余书，时方在玭山，诸纸肆中所售庆帖，皆八团龙花，无散花及不花者。于是踌躇再四，请为别制一联，余操笔立成。曰：“**长我九年，纯儒纯吏；羡君二老，多子多孙。**”毅甫大喜曰：“此作格老气苍，可谓后来居上矣。”余大笑。

往岁都门绚秋盦诗社，多有誉髦。时宗室盛伯熙昱祭酒方中庚午解元，年少气盛，尤称跳荡。尝摘唐人诗“**炉烟添柳重**”五字索对，同人属句者皆谓不称，余遽前曰：“得之矣。”即书句：“**宙冻洒菡虚。**”伯熙叹为绝对。众不服，伯熙曰：“吾出句按五行水火木金土，此对句乃按五方东西南北中也。”众中犹有不知北字所在者，相与一笑而罢。

膏之有鸦片也，嗜烟者受其害；牌之有麻鹊也，嗜赌者受其害；妓之有鸨母也，嗜嫖者受其害。于是有出句求对者曰：“**三鸟害人鸦鹊鸨。**”王可庄殿撰答曰：“**四灵除尔凤麟龙。**”闻者抚掌，然谑而不工，未足称对。余因易其句曰：“**一虫混世螣蝥螟。**”盖此三者并食苗，实为同类，三虫凑合，适成“蟲”字，故云尔也。唯“蝥”字系从《石经》，今监本作“蟊”，则不合矣。下文“贼”字今监本无虫旁，故可截去。有心世变者，颇竞录之。

光绪二十年后，海禁大开，四方多故，日蹙百里，饥馑荐臻。时文华殿大学士为合肥人，户部尚书为常熟人，好事者撰一联曰：“**宰相合肥天下瘦；司农常熟世间荒。**”忍俊不禁，足资谈柄。至三十年后，世变愈棘，疆圻大吏难得其人。时有字玉山者，或赠一联曰：“**玉不琢焉能成器；山之性未尝有材。**”又有名尔巽者，或赠一联曰：“**尔小生生成刻薄；巽下断断绝子孙。**”此则肆口谩骂，几伤雅道矣。

乙巳春夏间，余有事武林，姊丈戴子开观察方需次杭垣，招余同泛金牛湖。余笑谢之曰：“垂老东坡，何足以觌方春西子耶？”越数日，手简坚邀，檥船凝伫。不获已，从之。是日游览所经，若两峰，若三潭，若苏堤，若雷峰，若断桥，十景约得其半。次至红栎山庄，次至竹素园，最后瞻礼岳坟，徘徊凭吊，立尽斜阳，乃拨棹而返。湖上造境之胜，自以三潭为最，到处楹联不乏，竟无能为景物添豪、引游人入胜者。盖此处水波平远，山容秀蒨，奥词硬语，非侔色揣称所宜，惟脱口如生，斯惬心贵当耳。余于三潭制两联，其一曰：“**曲曲曲阑桥，曲到亭心，搓成卍字；盘盘盘石隥，盘过水面，耸起孤云。**”其二曰：“**绿涨多情，莼带长牵明月住；红尘不到，柳丝偏引好风来。**”又于鄂王坟献联曰：“**我亦宋王孙，感公报国精忠，怅望千秋，空摩石马；天遗戎子种，愿此藏山光气，控生再世，突过黄龙。**”只三潭旧有一联曰：“**四面荷花三面柳；一城山色半城湖。**”又肥绿词人一联集句曰：“**荷风送香气；潭影空人心。**”又竹素园一联特佳，曰：“**水深鱼读月；山静鸟谈天。**”

凡名胜留题之笔，要使身经其地者，读之自然神怡；未至其地者，读之无异目击。子开姊丈奉差温州，尝游梅雨潭，署一楹帖曰：“**飞瀑半天晴亦雨；寒潭终古夏如秋。**”可谓合作。

王醉墨师殁后，师母章夫人享年九十一岁乃终。望前致庆联曰：“**佐先师十九载官声，正供不滥，副税不征，桃李在门，知德配青毡，清慎勤一箴洵不歉；示后嗣九十年家法，子孝无亏，孙贤无忝，芝兰绕砌，愿徽延绛幔，福禄寿三字永无疆。**”后致奠联曰：“**女学士造端夫妇，赞成五千卷图书，试追维请业先师，南涧苹花常佐馂；古硕人垂训孙曾，俾守九一年礼法，独莫慰衔哀分转，北堂萱草不忘忧。**”夫人工画能诗，望之文字，素蒙处赏，弥留时，特以哀启为属，寻常巾帼之见，曷克臻兹。

吾家旧藏有史阁部书一联曰：“**岂能尽如人意；但求无愧我心。**”字法谨严，决非赝鼎。顾此联语气未免高自位置，史公云尔，他人不足云也。吾因易其文曰：“**岂能尽如我意；但求无愧人心。**”近数年来，邻里乡党诿诿之件，纷至沓来，奈吾智力俱小，不胜谋任，因复易其文曰：“**但求尽如人意；岂能无愧我心。**”悬诸座间，庶几知我者，可以谅我耳。

武林项韵涛鹾尹，尝问字于余，其弟季虔毓烘，亦从兄执北面礼。乙巳春，余送其回杭应试，遂以商籍冠军入钱塘庠，甫十七龄耳。尝问余曰：“烘姊丈程文园贺友新婚，自制联帖，得句曰：‘**太极两仪生四象**’，索对于烘，烘代对以‘**春宵一刻值千金**’，颇可用否？”余笑曰：“是所谓紫凤天吴，颠倒裋褐矣。”

故友张渭卿三尹贺人入泮，恒书一联曰：“**秀才能知天下事；宰相须用读书人。**”殊有渊雅之趣。三尹尝病背疮，经年不愈，后遇某疡医，贻以药膏，半月如初。三尹德之，报以联帖曰：“**得医者意也之意；用药则神乎其神。**”句不易对，而属对极工，尤有拗折之趣。

坊本小说有《清风闸》者，为诅侩皮姓作也，中载皮制春联曰：“**年难过，难过年，年年难过；回没得，没得回，回回没得。**”此等春联甚奇，且语极俗，笔极不俗，如《金刚经》似重复而非重复，尤觉大奇。

海宁夏赓伯以游术叠佐鹾幕，声气广通。当其盛时，门庭若市，良辰张燕，坐客常满。其四十初度，觥筹不夜，余亦在投辖中。迨行年五十，日益落拓，婴疾遂殁。爰为制挽联曰：“**十年前裙屐相欢，极低徊落日荷筒，子美深陪携妓宴；壹诀后卓裘渐冷，倍惆怅秋风葛帔，孝标重费绝交书。**”既闻其寡妻弱子，仅可存活，生平契好，无顾恤者，并如余言。

彭刚直公英锋岳岳，辟易千人；李文忠公相度休休，含宏万类，功名事业，并卓绝当代，而不可强同。尝会燕于黄鹤楼，一时僚佐咸集，酒酣耳熟之际，群请两公留墨，点缀江山。彭公掀髯顾笑曰：“吾二人合制楹联，可乎？”李公首肯。彭公先出上联曰：“**一枝笔鼓起江汉间，登最高处，放开肚皮，直吞下九百里洞庭，五千里云梦。**”李公乃属下联曰：“**两戒事浑在沧桑里，惟人才人，别有怀抱，莫管他早去了黄鹄，迟来了青莲。**”于是大书镘版，双揭檐梧。后之读者，佥谓两公语气，各肖生平。言为心声，不容假借，展矣哉！

吴兴周佛生庚参军，曾客通州签判幕，后遂听鼓鱼湾，筑室斯干，翛然尘表。所居”桂阑竹坞”，百鸟嘲哳其间，四壁屏幛，多名人手迹。暇辄扢扬风雅，刻画金石，嗜古之癖，乐而忘疲。余与有翰墨缘，神交称久。壬寅二月，始获登堂展拜，深坐长谈，归以联帖贻之云：“**骏駹拱，不戁竦，百禄总；疢疾除，永康休，万寿宁。**”盖一则裘《商颂》之句，一则移汉印之文，并从其所好也。

卓翁聘之，粤东大贾也。设洋行音杭于京口，诸路商辐凑其门。吾友王绀岑亦广结纳，遂成莫逆。每年终筹办洋旗捐务，洋商贸易中土，例得采办华货。其税则少减，诸烟商喜取巧者，因挂其旗。辄向翁贷巨金，略无吝色。翁卒于丙申之秋，其弟仲芬不坠前好，绀岑心感之，书来乞余代制挽联，以志高义。余为撰句云：“**岭峤客星高，与鄙人萍梗联欢，遍论四海交游，谁实分金同鲍叔；江关今雨冷，累介弟荆枝抱痛，代践三山盟约，岂徒留玉继坡公。**”化俗为雅，颇觉运词得体，故存之。

余既居玭山久，自甲午以后，无志出山，遂聚徒讲学，以承先业。岁除多暇，辄手著春联，从俗尚也。其短联一曰：“**有通德；无杂宾。**”其长联一曰：“**送往迎来，谁能出不由户；索隐行怪，奚为于某之门。**”又有闲联二则，一曰：“**诵其诗，读其书，是以论其世；学不厌，教不倦，圣则吾不能。**”一曰：“**披鹤氅衣，戴华阳巾，谪居之胜概也；乘下泽车，御款段马，乡里称善人斯。**”二联语意虽与榜门无涉，然为门中人写照则均也，故亦更迭用之。

集联巨擘赵祖望

赵祖望（1884—1969），字渭舫，又作苇佛。大港赵氏。近代书法家，精于“小学”（古文字、训诂），擅书法、诗文、笔记、联语，尤工篆刻。

赵祖望从小就聪明好学，为其族祖父赵曾望所赏识。一日，曾望以“蚕吐丝蜂酿蜜”嘱对，即应声曰“犬守夜鸡司晨”，曾望大奇之。

赵祖望早年毕业于京师译学馆。授举人，官内阁。1914 年 7 月至 1915 年 12 月任浙江青田县知事。任内主持青田石雕赴美参加巴拿马世博会，夺魁而饮誉全世界。1924 年前后任浙江泰顺县县令。20 世纪 40 年代后寓居上海，以书法、诗文自娱。新中国成立后，为上海文史馆馆员。

其《宋词集联》于 1931 年 1 月由杭州西泠印社刊行墨迹影印本，集联 300 多副。书前有江南名流吴庠、叶玉森分别作诗、词，朱孝臧、周庆云、赵尊岳、族叔赵宗抃等为之作序，赞扬赵运用成语如同己出，剪裁精密，天衣无缝。

（赵明宇）

赵祖望《宋词集联》选

海棠开后，燕子来时，因景物牵情，长记得、扁舟寻旧约；
杨柳津头，梨花墙外，奈春风多事，到如今、无处不销魂。

那知杨柳风流，无语只低眉，春又到、断肠时节；
忘了牡丹名字，相看成一笑，问谁解、爱惜琼华？

一春幽事有谁知？又早是清明，看尽天涯芳草；
好梦别成无觅处，已不胜愁绝，那堪燕子黄昏。

百年心事，万里乾坤，恨无人、解听开元曲；
双桨莼波，半堤花雨，谁念我、同载五湖舟？

脉脉数飞鸿，唤起玉人，共感秋色；
年年如社燕，可怜闲叶，无限啼痕。

酿成憔悴到如今，万叠花愁，怎堪临镜？
惊破梦魂无觅处，五湖秋晓，应认归舟。

瘦骨临风，花下可怜仙子；
秋景如画，月明好渡江湖。

从来文采更风流，若是朝云，且须同醉；
不比芙蓉偏妩媚，最怜西子，怕说相思。

酒醒无奈秋何，却自觉神游，惟有当时皓月；
诗瘦只因吟苦，任满身花影，未应闲了芳情。

白鸥问我泊孤舟，满目风尘，尘绿相误；
红雨入帘寒不卷，十年旧梦，梦意犹疑。

旧游帘幕记扬州，拍手相招，最好是二分明月；
满目山川问杜宇，思心欲碎，莫等闲一叶扁舟。

欺寒茸帽，拂雪金鞭，行遍天涯真老矣；
乱叶翻鸦，惊风破雁，人传诗句满江南。

春尽日，雨余时，数声鶗鴂；
落花深，芳草暗，懒上秋千。

花开花落几番晴，正燕子新来，惊破绿窗幽梦；
一咏一觞真是乐，记乌丝醉语，水边红袂分时。

凭栏自笑清狂，虽梦断春归，朗吟未了西湖酒；
暮色偏怜高处，看鸿惊凤翥，好诗都在夕阳山。

把酒问姮娥，满院花阴，谪仙何处？
高会尽词客，夕阳西下，稼轩未来。

桃叶小，柳绦长，又过了，清明寒食；
花竹深，房栊好，须尽兴，满酌高吟。

试问东风，为谁落，为谁开，花应知否？
又过寒食，几重山，几重水，梦未成归。

记少年一梦扬州，骑鹤来游，可堪回首；
但惹得满身花雨，归鸿无信，怕说相思。

对别酒，怯流年，春梦秋云聚散真容易；
倩桃妆，迎柳舞，蜂儿蝶子教得越轻狂。

杜鹃欲劝谁归？满眼兴亡，三迁不成陶令隐；
木叶乱随风舞，万重烟水，扁舟夜下广陵滩。

往事夕阳红，多少情怀，算等闲、过了熏风，又还商素；
梨花夜来白，如今时候，便好倩、佳人插帽，上客传笺。

鸳鸯水宿不知寒，记翠箔张灯，冷香飞上诗句；
锦瑟华年谁与度？听鸣禽按曲，春愁独立阑干。

何物最关情？一树梅花，问逋仙今在何许？
长歌自深酌，满怀幽恨，想少陵还叹飘零。

断云飞雨又经年，千古江山，谁人着眼？
明月清风如有待，数声鶗鴂，知我归心。

无处觅残红，试问东风春愁怎画？
浮生等萍迹，不知江左燕入谁家。

飐莲子，打鸳鸯，醉里不知何处；
翦红情，裁绿意，吟边自负风流。

鸿雁又南飞，惊嗟岁月如流，海角天涯总成相忆；
鲈莼新有味，尽入渔樵闲话，论诗载酒还与谁同？

无处说相思，满目风尘，念惟有夜来皓月；
骤惊春在眼，一枝烟柳，想如今绿到西湖。

落笔尽云烟，最好挥毫万字；
新樽荐樱笋，愿教人寿百年。

记得当年，飞急桨，挂轻帆，直上银河去；
如今何许？树书期，寻梦意，应念玉关遥。

酒初醒，梦初醒，纵有楚舵吴樯，料犹是听风听雨；
进亦乐，退亦乐，只要莼羹菰饭，消几番花落花开。

花开花落蝶应知，记曲径寻幽，又是一番春事；
帆去帆来天亦老，念高唐归梦，如今也到鸥边。

试问海棠花，为谁开谁落？各自思量，转添愁绪；
应有翠娥说，把闲言闲语，与君游戏，莫话销魂。

消息未归来，燕外莺边，更闲却、柳烟花雨；
踪迹无寻处，酒朋诗侣，想半属、渔市樵村。

清谈挥麈，雅燕飞觞，闲处真须行乐；
画里移舟，诗边就梦，深情惟有君知。

无奈月分明，欲问乡关何处是？
相将燕归又，今年寒食又花开。

浓芳满地，秀色连天，闲过了黄昏时候；
险韵诗成，扶头酒醒，却依然一笑人间。

从前心事都休，念倦客依然，沧浪梦里；
却笑英雄自苦，更异乡重九，风雨天涯。

小园别是清幽，春兰可佩，秋菊堪餐，只少个绿珠横玉笛；
对酒细评今古，黄花醉了，碧梧题罢，更尽驱风月入尊罍。

满城花柳，也为我相思，奈燕子不曾归去；
几曲笙歌，便揉春为酒，问东风毕竟如何？

几番莺外斜阳，记情逐艳波，醉摇鞭影；
十载樽前谈笑，但梦随人远，心与山遥。

天涯寒食，试问归期，笑白云多事；
门外垂杨，暗传消息，有黄鹂数声。

有渔翁并醉，溪友为邻，忆安石风流，一时留住；
正绿芰擎霜，黄花招雨，问剑南消息，甚日归来？

一亭寂寞，几曲阑干，无端杜宇；
十里东风，二分明月，顿梦扬州。

雨入愁边，误了乍来双燕；
春归何处？除非问取黄鹂。

春色已无多，杨柳依依，问陶令、几时归去？
危阑闲独倚，斜阳苒苒，甚谢郎、也恨飘零。

心事寄题红，除非宋玉风流，有谁知得？
柔香系幽素，为向东坡传语，又是年时。

情脉脉，酒恹恹，帘影垂垂，依依似曾相识；
绿漪漪，红簇簇，春阴淡淡，年年知为谁生。

无奈月分明，烟草青青，但暗忆、江南江北；
如今燕来居，画帘悄悄，漫相思、桃叶桃根。

那日隔帘，怕流莺乳燕、得知消息；
此时凝睇，看黄花绿酒、只合迟留。

别时容易见时难，知几度经过十洲云水；
梦又不成灯又尽，恨个侬无奈两鬓风霜。

无限思量，那回杨叶楼中，寄将愁去；
莫教分散，应在乱莺声里，唤得春归。

一番风月更销魂，无计迟留，燕子飞来飞去；
千古英雄成底事，等闲歌舞，花边如梦如薰。

庄周吾梦见之，蝴蝶飞来，那知有意；
荀令如今老矣，繁华一瞬，怕说当时。

过杜若汀洲，杨柳堆烟，还似汴堤虹梁横水面；
想斜阳影里，海棠如醉，疑是月宫仙子下瑶台。

一曲狂歌，更短笛临风，长云弄晚；
十年旧梦，在灯前欹枕，雨外薰炉。

沧波荡晚，菰蒲弄秋，惆怅此情难寄；
款竹门深，移花槛小，叮咛记取儿家。

人醉牡丹坡，且看花间留晚照；
才高鹦鹉赋，旧游荣府记当年。

春无踪迹谁知？燕子来时，奈芳草正锁江南梦；
我欲乘风归去，钱塘江上，想垂杨还袅万丝金。

归来散发婆娑，荃棹且夷犹，但惹得、满身花雨；
检点从前恩爱，岁华频感慨，问甚时、重见桃根。

何处最知秋？翠药红蘅，相思记取；
举世方熟梦，莼羹鲈鲙，此兴谁同？

满庭芳草又斜阳， 甚杜牧重来，徘徊不语；
万里西风吹客鬓， 念渊明归意，惆怅如丝。

风景不争多，最好是雪后园林，水边楼阁；
登临兴何极，应尚记暗香浮动，疏影横斜。

伫听寒声，杨柳梢头，秋风又起；
莫教摇落，阑干倚处，燕子未归。

归意了无多，满目风尘，可堪杜宇；
此境今何处，两行鸥鹭，且棹吟舟。

断雁叫西风，还似王粲登楼，共怀伤感；
烟柳暗南浦，初系放翁归棹，莫话销魂。

天气欲重阳，几番风雨？
登临望故园，万里山河。

壮怀谁与重论？仗酒祓清愁，花销英气；
高人今在何许？想莼边呼棹，橘后思书。

卧看黄菊送重阳，还是那时情绪；
临罢兰亭无一事，却来闲数梅花。

无语问西风，怎拾得情怀，修蛾写怨；
知心惟有月，待归来细话，劝酒持觞。

风信远，露华高，数声鸿雁，陡觉添秋色；
暮江寒，人响绝，万重云水，何处问归航？

犹作未归人，数点秋声来寻短梦；
试问缘何事？十分好月不照人圆。

诗酒趁年华，十里扬州，何逊而今渐老；
心事付横笛，半规凉月，素娥应是销魂。

何时剪烛重盟，叹客里光阴，但月夜常啼杜宇；
浑是飞仙入梦，向风前懊恼，细看来不是杨花。

翠药红蘅，几番诗酒；
黄花绿菊，好个霜天。

玉客削酒，翠叶吹凉，听数声何处倚楼笛？
浅约挼香，深盟捣月，渐笑语惊起卧沙禽。

琴书换日，枕簟邀凉，别是闲滋味；
西阁移舟，平桥系马，旧事懒追寻。

江海渺遗情，何如月下花前，重寻幽梦；
风流有小阮，算得人间天上，一笑难逢。

忍泪觅残红，柔情似水；
起舞弄清影，瘦骨临风。

梦入芙蓉浦，闲荡木兰舟，不见卷帘人，争忍凌波去；
可恨白苹风，又送黄昏雨，此计何时就，无奈簪花情。

夜深惊梦，醉里悲歌，问中流击楫何人是？
燕子未来，东风无语，又天涯弹泪送春归。

廓清宇宙，整顿乾坤，此事谈何容易？
老去功名，年来情绪，当时岂料如今。

随雁到南洲，却忆安石风流，趁暗绿稀红，且开怀抱；
凭栏看落日，为问坡仙甚处，叹官闲昼永，又是年时。

尊酒相逢，算惟有渊明、且图径醉；
秋景如画，但恐同王粲、怕上层楼。

醉醒一乾坤，有尘表风神，世外标格；
心肝皆锦绣，尽千锺饮量，百丈词源。

此心到处悠然，禁甚闲愁，且高歌，细敲檀板；
旧事不堪重举，而今试看，算多情，尚有黄鹂。

杏花无处避春愁，念倦客依然、怕经南浦；
燕语似知怀旧主，问人间何事、薄幸东风？

吟莺欢事，放嚣幽情，只共梅花语；
凉月心肠，春风模样，惟有玉兰知。

东山乘兴，北海开樽，况屈指中秋对佳节，惟应欢醉；
南苑催花，西楼题叶，想故人别后说风流，直至如今。

诗瘦想无聊，但莫管春寒，望寄我江南梅萼；
天涯信漂泊，问重来海燕，争知道梦里蓬莱。

大江东去，平楚南来，一带江山如画；
高柳垂阴，老鱼吹浪，依稀风韵生秋。

素娥应是销魂，甚独忆清高，未把酒、愁心先醉；
燕子不知何世，正好花时节，奈旧家、苑已成秋。

翠袖不胜愁，谁家芦管吹秋怨？
玉人留我醉，试把金尊傍菊丛。

将我意，入新诗，唤莺吟，招蝶拍；
休惆怅，好归去，寻柳眼，觅花须。

时代先声

癸卯端冬

同盟會新軍領袖

總指揮辛亥先聲

金柏題趙聲聯并書

纵寰海奇观，开普通知识；
藉大江流水，涤腐败心肠。

——1903 年赵声为大港“阅书报社”撰书对联

民主革命先行者赵声

20 世纪初，清政府的专制腐朽叠加中西文化矛盾，使中国进入“数千年来未有之大变局”。沧海横流，方显英雄本色。“极目圌山势倚空，长江水碧落霞红。登峰觅昔张公地，故垒萧萧气尚雄。”在“王民日子”登山的大军中，涌现出一批爱国人士，其中以“天水王孙”“宋王孙”赵声为代表。

鸦片战争后，大港向外界敞开怀抱。大港天香阁赵蓉曾先生以文道合一、知行合一、中西兼容的教育思想，培育出 500 多名优秀学生。他的儿子赵声就是其中之一。赵声走出天香阁，深造于江南水师学堂、江南陆师学堂，进修于日本早稻田大学法学科。

赵声立志救国，著《保国歌》，提出民主革命、宪政治国的主张。他在大港创办“阅书报社”“安港小学堂”“体育会”，开启民智，带出了李竟成、冷御秋、赵念伯、陶骏保、马锦春、阮德山、赵光、茅乃封、解朝东、赵启騄、赵芬、赵芳、严承志等为代表的镇江籍革命群体。1905 年，中国同盟会成立。当一群知识分子立誓要推翻清王朝的时候，年轻的赵声已经由知识分子转化为脚踏实地的革命家、军事家、宣传家。他在南京与广州新军播撒火种，培植军官力量，将新军改造为革命主力。当同盟会各派发动会党人员前仆后继，策动“乌合之众”与“绿林”进行探索时，赵声已在南方诸省实施改造新军、战略布局、联动起义的一整套武装革命路线。对此，同盟会谭人凤评论说：“党人往日一空拳，专与三山五岳连。伯先别抱一思想，冀统六师洗腥膻（掌握军队武装革命）。”1910 年春节，赵声组织发动了“广州庚戌新军起义”，这一壮举让悲观失望的同盟会看到了希望。1910 年 6 月，赵声与孙中山在日本会面，他们达成一致意见，进行优势互补，孙中山负责海外募捐，赵声担当同盟会的军事主帅。赵声组织发动了黄花岗起义，引爆武昌新军起义。

作为辛亥革命的策源地，大港在文化方面有三个内涵。一是赵声为辛亥革命提供并实施了改造新军、武装革命的有效路线，为创建共和提出了明确的宪政主张。二是赵声胸怀磊落、“先声夺人”、注重实干、顾全大局、道义担当、以身许国的宝贵精神。三是涌现出以黄花岗起义总指挥赵声为代表的革命群英，以教育家赵蓉曾，金融家赵棣华、赵汉生，国医大师章次公，国医大港沙派，世界画家赵无极为代表的文人群英。

龙头咄咄马相伯；
麟角峥峥赵镜芙。

——赵醉侯

天香阁主赵蓉曾

封建社会末期。“克承先志，绍厥贻谋”（赵紫瑜《族谱跋语》）的大港赵氏韬光养晦，积蓄能量。例如，大港赵氏办的私塾“天香阁”中堂上挂着一幅《蛟龙图》，大港人说：“伯先家里中堂上的龙是真龙，天晴时活灵活现的，天阴时，那龙就云笼雾罩，跃然画上。”这大概是一种崇敬的心理作用，或是敞厅大屋的湿度环境对画面的物理作用，抑或是不为人知的什么现象。从文化上来说，这种现象背后隐藏着汉民族的文化基因，《易传》说：龙，天之象，乾卦。从潜龙在田到飞龙在天，表现的是周而复始的天道规律与生生不息的人文精神，所谓“天行健，君子以自强不息”是也。

天香阁主人赵蓉曾（字镜芙）遵循“晓诗书”的太祖遗训，践行道义担当、人格独立、诗书传家的大港赵氏精神。赵蓉曾效仿先祖希真公“设义塾以教之”的做法，在自家天香阁设馆课徒，推行赵氏的“晓诗书”文化。赵蓉曾对先祖“读书穷理”“以诗书礼乐相承”“以修身为本”（《赵氏族谱·希真子传》）的师道与注重整体的传统文化加以扬弃，有机吸收西方教学之优长，形成自己全面而深刻的整体式教育方式。其文化内涵

赵蓉曾像

可以归纳为：诗书艺术是天道与心性的物化意象，诗书就是道化的人文学说与艺术；诗书通文化、明道义、铸人格，诗书人文一道贯之。这种整体式的教育既与只管教书识字的一般私塾不同，也与西方教育分德、智、体、美的做法有所区别，是文道合一、知行合一、中西兼容的大道教育。

天香阁私塾先后有学生500余人，立业成名者众多。例如，从武的解朝东留学德国，回国后参加辛亥革命，授少将军衔，任江苏都督府军务司副长、江苏陆军小学校长与武汉陆军第二预备学校校长；从文的王家驹留学日本早稻田大学，回国后任北京法政大学校长、安徽教育厅厅长、中英庚子赔款文化基金委员会委员；赵声与赵绍甫投考江南水师学堂，后东渡日本考询军政，日后成为中国民主革命的先行者。后辈银行家赵汉生，复旦通才赵宋庆、国医大师章次公、留洋英才赵俊庠、南京

慷慨捐躯，誓扫胡虏，经营复汉，力挽乾坤，天下又承平，新旧党人齐俯首；

将军敌忾，诸季争先，女子同仇，夫人奋武，满门皆忠义，中西豪杰共倾心。

——吕涌泉赞天香阁

大学学者赵俊欣等，也都踏着父辈的足迹在“天香阁”启蒙，他们受到的教益远超读书识字。

学人赵醉侯撰联高度赞誉同邑的两位教育家：“龙头咄咄马相伯，麟角峥峥赵镜芙。”马相伯在上海用西学创建复旦大学，赵蓉曾（镜芙）则在大港的人文环境下，对传统文化加以扬弃与发展，对人进行全面培养。天香阁培养的不仅是文化人才，更是具有时代价值的人杰。在民族存亡的历史关头，蓉曾先生的子女赵念伯、赵馨、赵光、赵芬、赵芳、儿媳严承志，以及学生李竟成、解朝东、赵启騄都深明大义，投笔从戎，跟随赵声走上了推翻封建、创建共和的革命道路，立下了不朽功勋。他们中授将军衔的有赵声、赵念伯、李竟成、解朝东、赵启騄。辛亥革命后，蓉曾先生的孙辈后裔多从事科教工作，俊欣、彭生、英凯、英时、晓雷等都是著名大学的教授。天香阁人是具有自强不息精神的大写之人。

天香阁大厅

八岁能文，旧同学称小才子；
千秋定论，新世界是大英雄。

——殷尚志挽赵声

赵声对辛亥革命的历史贡献

黄花岗起义总指挥赵声，是具有军事学与法学素养的中国近代民主革命家。他用毕生精力将新军改造为革命主力；在南方诸省做武装起义的战略布局；组织发动庚戌新军起义与黄花岗起义，点燃武昌新军武装起义的烈火；他以崇高的人格与“以身许国”的献身精神激励革命党人，为辛亥革命做出了不可磨灭的历史贡献。

一、杰出的近代民主革命家

赵声天赋异禀，在天香阁受父亲教育，打下了厚实的文化基础。他投考江南水师学堂的论文《江防要策》，在全部 700 余名考生中“以第一名录取” 。在江南陆师学堂，同学章士钊称他“文章风义冠绝于堂”，盛赞他的文章的思想性和艺术性。南社文人柳亚子评价赵声的诗词为“尤饶奇气，舒卷云霓，吞吐海岳”。

赵声志在救国。他走出天香阁投考军校就是要成为一名军事家，要掌握军队，进行武装革命。赵声在江南水师学堂、陆师学堂学习军事，后又受业日本军事教官竹松井三郎。思索救国之道的赵声在学习军事的过程中，接触到西方文化与民主革命思想，激发出心性良知的火花。他对外来文化的文明精神感叹道：“此我胸中所欲言者。乃有

天香阁学生赵声（右）、赵绍甫（左）分别以第一名与第二名的成绩考入江南水师学堂后留影

1903年2月，赵声与友人摄于日本东京，左起：陈独秀、周筠轩、葛温仲、赵声、潘璇华

立报社，建学堂，公益力行，俾乡里开通风气；
起革命，兴义举，伟名卓著，为天下创造英雄。

——赵鸿钧挽赵声

人先我发之。”他利用官派日本学习考察的机会，进修于“早稻田大学法科”，考询日本军政及民主革命的理论，系统地学习了有关政治制度的知识，形成了自己的民主革命救国思想。

1903年，赵声撰写革命檄文《保国歌》，明确地提出了反专制、反帝的民主革命、宪政治国主张。歌曰：“我今奋兴发大愿，先行革命后立宪”“议员公举开明堂”“修明宪法参英美”，就是说要在推翻清王朝后建立一个共和国，要参照英美模式制定宪法，设立宪政政府；“第三武备要时习，权利收回期独立”就是说要收回外国特权，做到主权独立。

为了实现推翻帝制，创建共和的目的，赵声投身进入新军。在带兵治军、秋操演习、军事历练、组织起义等实践中，赵声成为一名军事家与革命领袖。他训练的

朝晖夕阴，江山第一；云车风马，国士无双。

——柳翼谋

新军被誉为“文明为全国陆军冠”。新军第九镇统制徐绍桢评价赵声道：“方今能扎硬寨，打死仗者，唯伯先一人耳！”他以崇高的人格魅力、超凡的领导能力受到军人的崇拜与敬重，南京新军部下对他誓言：“惟主将令是从！”国民党粤系军人李汉魂称赞：“伯先先生是军中之圣。”前察哈尔抗日同盟军领袖方振武于1936年在巴黎对留学的赵俊欣说：“你伯父是个旷世奇才。”

1905年，中国同盟会成立。当一群知识分子立誓要推翻清王朝的时候，年轻的赵声已经由知识分子转化为脚踏实地的革命家、军事家；当同盟会各派发动会党前仆后继，策动“乌合之众”与“绿林”进行起义探索时，赵声已经准备并实施了改造新军、战略布局、联动起义等一整套的武装革命路线，成为同盟会中能够运筹全局，组织、发动、指挥武装革命的杰出领导人。对此，谭人凤评论说：“党人往日一空拳，专与三山五岳连。伯先别抱一思想，冀统六师洗腥膻。”

在组织黄花岗起义期间，赵声在军事之外所关心的就是政治。他请来宋教仁“即任”“临时各约法”的起草制定。赵声与宋教仁都曾在日本学习法学，有着宪政的理念与知识，对同盟会的组织制度建设和对取得胜利后的政治问题都有深入的交流与共识。黄花岗起义失败，谭人凤、宋教仁向病危的赵声请示“善后办法”，赵声交待：军事上赞成“以长江为进行地点”，政治上“将临时各约法继续编成”。赵声的这两点善后意见，前者是推翻清王朝的军事之策，后者是创立共和的政治大计，切准了辛亥革命的关键问题与根本问题。

赵声天赋过人，具有超凡特质与高尚人格；文武兼资，具有军事学与法学专业知识；他注重知行合一，高效实干，是中西优良文化在特殊时代造就的有思想、有能力、有实力、有切实行动的中国近代民主革命家。

赵声（前排）任三江师范学堂教习时与同仁合影

二、将新军改造为革命主力

新军是1894年甲午战争后，清政府为维持统治新编的“习洋枪，学西法”的陆军。赵声立志民主革命，认为“有文事者必有武备”“无枪杆子不好革命”。他进入新军，

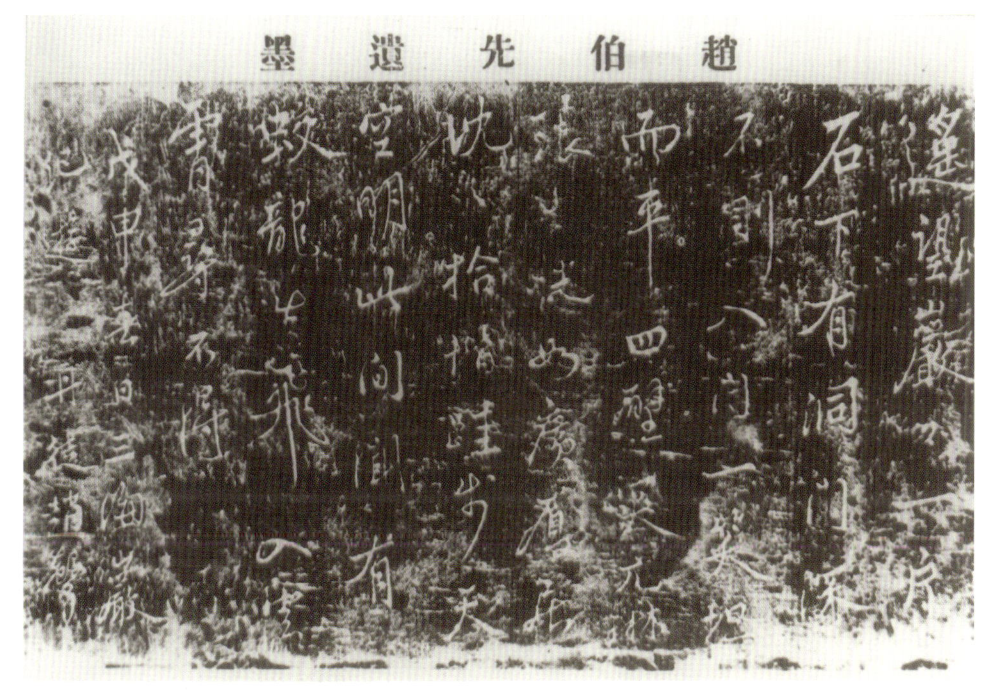

赵声遗墨

壮大了南京新军的革命力量，奠定了运动新军、改造新军的基础。因招兵有功，赵声升任九镇三十三标标统。他随即将一批可靠的革命同志陆续保荐、安排到三十三标各级领导岗位上。主要有一营管带伍崇仁、二营管带顾忠琛、三营管带柏文蔚、一营左队队官江谦吾、二营右队队官冷御秋、宪兵正目李竟成、炮兵队官熊成基、倪映典等。在赵声的组织领导下，一支革命新军不断发展壮大。1906 年春，赵声带领柏文蔚、倪映典、林述庆、林之夏、冷御秋、伍崇仁、李竟成、陶骏保、赵念伯等第九镇军官加入同盟会。

将新军改造成武装革命的主力。赵声之外，革命党走的是暗杀与会党起义两条路线，多次的实践证明这两条路都无济于事。

赵声在运动新军、改造新军中，首先培植中下级军官，再以中下级革命军官为核心，自上而下，培养战士，成建制地对新军进行民主革命思想的启蒙。

赵声改造新军主要经历了几个阶段。1906 年初，赵声在新军九镇担任军官，利用招兵机会，他将在社会上结识的革命志士与在家乡集中培训的大批热血青年都招入新军。这些有思想、有知识的志士进入新军后，迅速

赵声以新军训练条例要求“练兵”与“训兵”并重为由，在军中开办“阅书报社”，每周对士兵做“精神讲话”，以军人养成教育为名，行革命宣传之实。时任新军三十三标队官的江谦吾在回忆录中写道：“为了培养部下，成立官长与正副目（即中下士）讲堂，每天两次外操，两班讲堂，外设特别讲堂。他严督训练，每逢星期六行军一次，他亲自率领全营到南京孝陵卫一带野外演习，并作精神讲话。休息时间，常与官兵讲述元、明、清史略，如朱元璋起义推翻元朝统治，清兵如何入关，并暗示清政府如何昏庸无能，立下不平

白下谈兵驰铁骑；岭南煮酒论蕉鹿。

——姜证禅挽赵声

等条约等故事。言辞激奋慷慨，闻者莫不泪下。”赵声在南京新军培养了大批革命人才，三十三标被他打造成反清救国的革命堡垒，在苏皖地区播下了革命火种。后来，两江总督端方有“将假是以兴大狱。有三十三标皆革命党，可用炮轰之”之语。可见短短一年的时间，赵声运动新军、改造新军取得的成效。

1907年初，赵声进入广东新军，以超人的能力与崇高的人格，在广东新军中进行了有效的宣传和组织工作，迅速形成了以他为核心、以中下级革命军官为主体的新军革命党群体。1908年春，赵声改任黄埔陆军小学监督，超凡的个人特质使他成为青年军人的偶像，被军校师生称为“活关公”。他借机调朱执信、张醁村、姚雨平、胡毅生、姜证禅等革命党人来校执教，大力发展革命党；培植起“冯铁裴、陈铭枢、蒋光鼐、邓演存、（邓）演达、张竞生、周址、邓刚、吴文献、方书彪等”一批新军革命的后备力量。赵声人格高尚、才华横溢，他“对上不谄，对下不拿大”，他“愿交天下士，罄我怀中藏”。他“聊持肝胆与君期”，在革命党中具有很高的威望。广东军界革命党原有两派，以姚雨平、张醁村为代表的巡防营革命党与新军革命党不相往来，各自为战。在赵声的感召下，广东军界的各派革命力量都能团结在他麾下。

1908年，南方新军扩建，赵声安排革命党人倪映典任新军炮兵军官，安排冷御秋到广西开展运动新军工作。同年冬，赵声调任新军第一标标统，又大量安插革命党人到各部队任职。在赵声的不懈努力下，“广州新军中的同盟会员骤增至三千多人”。在赵声统领的一标及倪映典的炮营中，“加盟人数已达百分之七八十以上”。

差幸头颅犹我戴，聊持肝胆与君期。

——赵声诗

时任同盟会南方支部部长的胡汉民说：“伯先军事学甚优，且有经验，天资豪迈，能为诗文。其为陆军学校监督及将（统领）新军，辄以民族大义鼓励学生士兵，俱悦服之，亦以此为清吏所恶。江南、广东两省军界革命种子，大半伯先所培植也。”

三、在南方诸省做呼应起义的战略布局

在南京，赵声改造新军的同时就着手“谋合苏皖赣”“约同发难”。他在本部标营设“俱乐部”，作为秘密联络机构，并对江苏、安徽、江西共同举事进行布局。

1906年，当革命党的死敌、号称“杀人之枭”的端方出任两江总督时，“同志有劝他（赵声）乘端方莅任时，即狙杀之以起义”。赵声认为，九镇新军虽然具备了相当的革命力量，但安徽、江西方面还未准备和联络好。他说，“孤立无响应必败”，“非俟苏皖赣运动成就不可，否则亦必联络南京征兵以外之军队，同时并起，方足以举大事”。

对于孙中山要求在广东起义的意见，赵声顾全大局，做了全面的战略规划。后来，赵声对革命党人赵

赵声戎装照

京江汤汤；戎衣锵锵。

——孙中山祭赵声

念苍赤何依？顾我犹存，莫酬初志；忆玄黄未判，与君相遇，共策中原。

——柏文蔚挽赵声

启疑说："四川天府之国，攻守两宜，惟向外推动作用迟缓。武汉地点适中，一旦发动，足以震撼全国，唯败则难于久守。广东地方富庶，民气开通，交通便利，易与海外取得联系，优点特多。将来首先发难，其在百粤同乎。" 这里所说的"百粤同乎"实为东南沿海与长江中下游协同呼应之意。

赵声应孙中山之邀去广东发展前，授意熊成基等同志去安徽运动新军。让冷御秋、倪映典等同志继续积蓄江南革命力量，待与广东相互策应。

1908年春夏之交，赵声在广东新军频繁的革命活动引起当局的注意。为避敌耳目，麻痹敌人，他借口"回镇江省亲，同时与江、浙、皖、赣诸地同志有所联系"。他根据形势的发展，进一步落实与协调这一战略布局。赵声根据战略布局制定的北伐规划是：光复广东后，军分东、西两路，自己带东路军贯江西出湖口，直下江南控制南京；黄兴带西路军经广西入湖南会师武汉。两路北伐大军饮马长江，集聚力量后，挥师北上，直捣幽燕，推翻清王朝。

1910年5月，黄兴上书孙中山说，"新军一营驻廉州者为伯先旧部，今正闻广州之事，已跃跃欲试"，"至三江之陆军，其将校半多同志，今岁闻伯先在粤举事，皆有握拳透爪之势"。亲历两次广州新军起义的莫纪彭回忆，同盟会长江支部由郑赞臣、宋玉琳等人组织，与赵声声气相通，相互配合。倪映典与熊成基是安庆新军起义首领。失败后，倪映典应赵声之招南下。由郑赞臣在长江支部为赵声代理招募起义的"选锋"敢死队队员。赵声在香港遥控领导，与各地新军同志时通声气，俨然为统摄全局的核心。赵声通过五年艰苦卓绝的工作，在南京与广州运动新军、精心布局，影响长江中下游与两广地区，造就了中国南方新军革命的大势。

赵声之印："先声夺人"

在黄花岗起义的准备过程中，赵声兼任交通课课长。交通课的职责就是联络长江中下游及南方诸省，负责运动新军，为响应起义与北伐做准备。长江中

巨手劈成新世界；雄心恢复旧山河。

——赵声墓坊联

当年领革命军，起义羊城，犹觉惊涛动天地；
今日是共和国，归魂江表，料应含笑看山河。

——黄兴挽赵声

下游的布局就是他亲手实施的，是他运筹帷幄的一盘大棋。赵声委派谭人凤、郑赞臣等人带着必要的资金到江浙赣湘鄂等地启动党人，设立机关，准备响应。

庚戌和黄花岗两次新军起义虽在广东，但参与两役的领导者和重要革命党人却遍及中南各省，这与赵声多年经营长江和广东新军形成革命力量的网络直接相关。后来，虽然黄花岗起义失败，北伐流产，但赵声的先期发动与布局为武昌起义的成功和东南各省的相继光复奠定了坚实的基础。武昌起义后，赵声同党余部领导的江浙联军迅速光复上海，攻克南京，控制了江南这条清廷的经济命脉与南京这一兵家必争的战略要地，发挥着影响全国、震慑朝廷的作用。江苏巡抚程德全上奏朝廷说“不患武昌之失陷，而患各处之响应”，可见赵声战略部署的意义重大。

四、接连发动新军革命引爆武昌起义

1908 年 11 月 19 日，赵声的部下熊成基、倪映典、冷御秋等人在安徽新军发动了安庆起义。这次起义是赵声革命路线的初步实践，突破并改变了会党举事的观念、策略和模式，给同盟会带来了希望。

安庆起义失败后，倪映典应赵声之召，加入广东新军，在赵声的领导下策划、组织广州起义。12 月，赵声、朱执信、倪映典、邹鲁等人在朱执信寓所秘密会商，“新军因赵声先生以革命党嫌疑去职，不能即刻指挥发动”，决议通过谭馥等人的关系，以广州巡防营官兵为主力，以赵声的新军、朱执信的绿林为策应，发动武装起义。虽然起义因失密而流产，但赵声改造新军为武装革命打下了坚实的基础。

1909 年，赵声“为迷惑清方，遂委命倪映典负责起义准备，暂离广州，扬言回里”。他以回乡探亲为名，到江南广泛联系新军旧部，为策应广东新军起义做准备。夏，赵声回到广州领导广州新军起义。1909 年底，赵声、黄兴、胡汉民等聚会香港，决定起义以新军为主力，由城外进攻广州，巡防营在城内响应配合，内外夹攻，同时发动惠州等地的会党民军起义响应；举赵声任总指挥，倪映典任副指挥。

1910 年 2 月 12 日，倪映典率新军千余人发动“庚戌新军起义”。起义虽然因意外事件而失败，但影响巨大。“庚戌新军起义犹如霹雳一声，震动了清廷，振奋了人心。清廷看到自己的武装部队竟会哗变起义，也知道它的统治已到了岌岌可危之势。在新军起义前，一般人认为，在科学昌明的时代，船坚炮利，非有充足的武力，不足以谈革命；革命党人只凭赤手空拳，充其量只凭民军、会党、绿林的一点力量，是无能为力的。新军起义后，观感为之一新，大大增强了革命的信心，

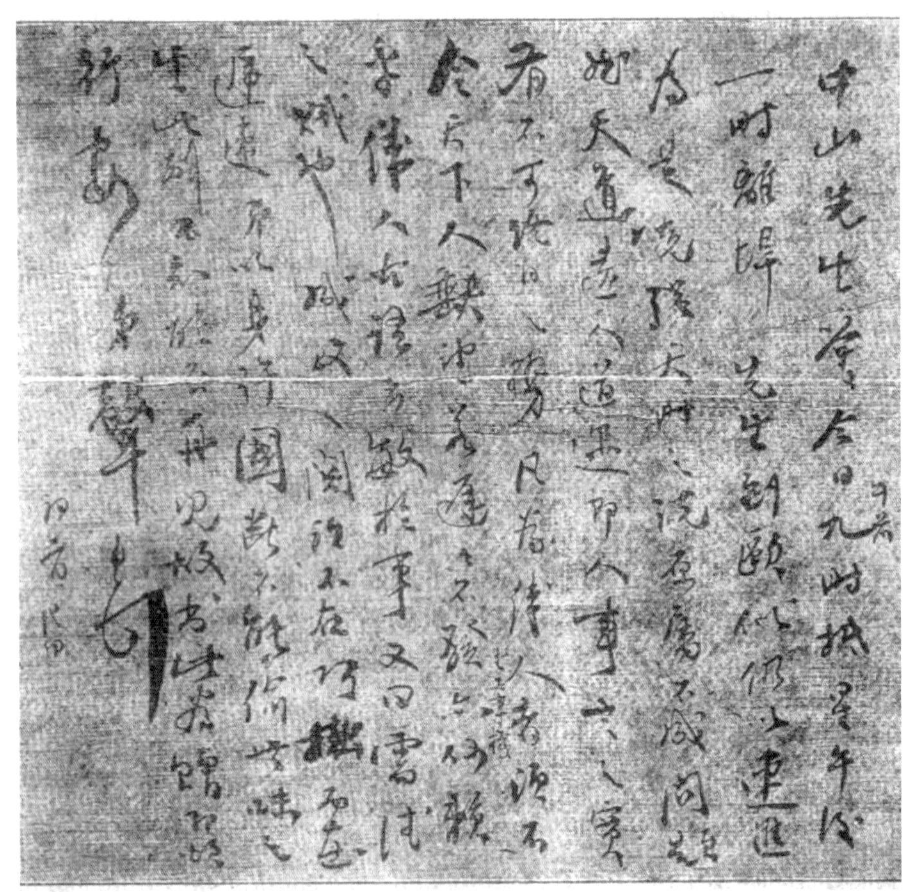

赵声致孙中山先生信

中山先生鉴：今日午前九时抵星，午后一时离埠。先生到欧，似仍以速进为是。克强天时之说，原属不成问题。然天道远，人道迩，即今事言之，实有不可终日之势。凡为伟人者，须不令天下人缺望。若迟迟不发，亦何赖乎伟人。古语云，敏于事；又曰，需，德之贼也。成败之关头，不在巧拙，而在迟速。弟以身许国，断不能偷无味之生。此别不知能否再见，故书此为赠。即颂行安

弟声顿首　初二日

加速了革命形势的发展；特别是在华侨方面，影响更大，大部分华侨都愿输财资助革命，基本上解决了革命党人进行革命活动所需经费的问题。”

1910 年 6 月，孙中山与赵声会面，把武装革命的重担交给了赵声。1910 年 11 月，同盟会在马来西亚槟榔屿召开主要领导人会议。“参加会议的同志，咸感屡次起义失败……大家都摇头叹息，表示悲观，主张再度起义不妨暂缓。独有赵氏昂然起立，力排众议，主张再接再厉，继续努力，不可稍有间断。”赵声清醒地看到，气可鼓不可泄，新军革命之火刚刚点燃，必须再接再厉，才能营造革命的大势。赵声的意见得到孙中山、黄兴的支持，会议决定以新军为主力，另外组织八百人的“选锋”敢死队作为起义先导。

同盟会领导人在槟榔屿会议后，对从速发动武装起义仍有不同意见与各种顾虑，赵声在 12 月 3 日致信孙中山说：“今日午前九时抵星（新加坡——本文作者注），午后一时离埠。先生到欧，似仍以速进为是。克强天时之说，原属不成问题。然天道远，人道迩，即今事言之，实有不可终日之势。凡为伟人者，须不令天下人缺望。若迟迟不发，亦何赖乎伟人……”信中说明革命领导人

必须创造条件，推动革命，批评等待投机的心态，指出犹豫不决的危害。

槟榔屿会后，赵声雷厉风行，谋定起义的大局，后因孙中山、黄兴与胡汉民在海外不能如期完成军费募集而推迟起义时间两个月。

辛亥年三月二十九（1911 年 4 月 27 日），震惊中外的黄花岗起义爆发，新军的革命烈火被点燃，全国的革命大势已经铸成。新军本是清廷用来维持统治的支柱，却接二连三地起义，这让清廷苟延残喘的心理彻底崩溃。武昌的新军战士说："三月二十九日，广东之败耗达来武汉，同志等更愤求速进。"胡汉民说："至于这一役后，全国人士以及国民革命之所受之影响，实在不小。自此全国人民都知道大势所趋，必须推翻满清，大家也再不能守着以前不问政治、不负责任态度了，连满清的官吏之中，竟也有因此役而和革命党表同情的。……这一役实在筑成了辛亥革命成功的基础。有了这个基础，不久武昌起义，才得于数月之间全国响应，这是我们同志同胞所公认的。"孙中山高度评价赵声组织发动的黄花岗起义，他说："是役也，碧血横飞，浩气四塞，草木为之含悲，风云因而变色，全国久蛰之人心，乃大兴奋。怨愤所积，如怒涛排壑，不可遏抑。不半载而武昌之革命以成。"

五、以身许国奠基共和

起义惨败，赵声痛大志未遂，党内大批精英旦夕而殁，更使他悲愤欲绝。黄兴一面坦诚表示失败"均由兴一人之罪"，一面痛斥姚雨平、陈炯明、胡毅生"徒作壁上观"。"克强乃谓同盟会无事可为矣，以后再不问党事。"赵声痛责自己指挥不到位，有负中山先生的重托，有负众望，有"负死难同胞"；斥责胡毅生、姚雨平、陈炯明不积极作为。赵声懊恼、后悔、忧愤，他没有想到自己看重、尊重、信任的黄兴在起义前后会如此失常。他对耳听计从的姚雨平、胡毅生、陈炯明三位分队长未能积极补救黄兴之失深感失望。总指挥赵声强忍悲痛与愤怒，以惊人的意志力支撑自己收拾残局，安排善后。谭人凤记载，赵声在"面折人过"后，复"至则伯先与之握手曰：'我辈血性交，直率之言，请勿介意。'伯先真可人也，而孰知其愤气之郁结，遂致满肠绞痛而病哉。当初病时与余等言善后办法，并敦促钝初

寄奴为公前辈，郁郁金焦，固宜生个怪杰，临死呼渡河，奈何不稍缓须臾？坐令竖子成名，遗恨嗣宗叹广武；

文叔是我故人，滔滔江海，未足比此交情，指囷成虚语，即此已负惭冥漠！缅想英灵无恙，伤心皋羽哭西台。

——柳亚子挽赵声

北宋亡于金，南宋亡于元，由宗汝霖、陆秀夫以来，耻恨雪前朝，不效徽祖画鹰，子昂画马；

西球师乎法，东球师乎美，继拿破仑、华盛顿而起，雄风惊各国，岂惧英俄如虎，德奥如狼？

——鲍长叙挽赵声

（宋教仁——本文作者注）将临时各约法继续编成（钝初到港时即任此事），其雄心固犹未已也。不料病势日剧，两次割肠，卒以不起。呜呼，痛哉！”

黄花岗起义失败20天后，赵声积劳忧愤，死于阑尾炎。赵声投身的中国民主革命是一场推翻两千多年专制，开创中华文明新纪元的伟大历史变革。实施这种变革谈何容易？反动统治者要拼死反扑，社会的帝制意识根深蒂固；在革命党的内部，变革的目标不尽明确；革

黄花岗烈士纪功坊　摄影／赵天然

命队伍的成分复杂、纪律松散；同盟会领导人的意志难以统一；等等，革命有着先天不足的缺陷。吴玉章在《论辛亥革命》中说：黄花岗起义失败，“同盟会失去了主宰。孙中山先生虽然继续在美国华侨中进行筹款，准备起义，但并没有实际领导同盟会的工作……黄兴因失败而心灰，束手无策；胡汉民躲在香港，连人都找不到……一个革命团体在革命胜利之前就已陷入这样一种分裂、涣散和瓦解状态”。

赵声作为两次发动广州新军起义的同盟会核心领导人，深知同盟会的现状与缺陷。赵声以革命为己任，在同盟会主导新军武装革命，但上天不可能给他准备现成的条件，万事开头难，成功必然以失败为代价，革命必须以牺牲来奠基。在同盟会的主要领导人中，孙中山、黄兴与赵声志同道合、肝胆相照。孙中山、黄兴十分信任和倚重赵声，赵声对年长自己15岁的孙中山与年长自己7岁的黄兴十分尊重。赵声担当起组织策划发动新军武装起义这个重任，实际上就处于同盟会领导的核心地位，但他推荐黄兴担任起义统筹部部长，自己做副部长，是要凝聚同盟会的精英，做到齐心协力与清廷做“破釜沉舟”的生死决战。

行动中，赵声致信孙中山说：“成败之关头，不在巧拙，而在迟速。弟以身许国，断不能偷无味之生。此别不知能否再见，故书此为赠。即颂，行安！”赵声这是以自己的生命担当来统一同盟会的意志，消除孙中山与黄兴的疑虑。

起义失败，同志牺牲，先天不足的同盟会党人呈现出四分五裂、灰心丧气、互相埋怨的严重问题。这意味着“破釜沉舟”的同盟会将就此瘫痪。赵声忧虑，忧虑出现章太炎所说的“革命军起，革命党消”的严重问题，忧虑出现吴玉章所记载的涣散瓦解的一幕。赵声愤恨自己没有来得及在起义中发挥一点作用，起义窝囊地“被同人弄坏”；愤恨作为失败的总指挥，他的话已无法改

幼同学，长同盟，同泽同袍，患难更同经粤海；
仁可成，义可取，可歌可泣，精诚直可格星天。

——李竟成挽赵声

四海几人，可当宝山一哭？万方多难，唯期伯先再生。

——徐宝山挽赵声

变同盟会的消极局面。

赵声忧愤致病，顾不得医治腹痛，他想的是赶往顺德，带领民军挽回失败。开刀时他拒施麻药，还能有什么疼痛能痛过失败之痛呢？还能有什么疼痛能痛过对同盟会的绝望之痛呢？大概只有医生这刀割之痛才能冲淡他的心痛，冲淡他的忧愤。年轻体壮的赵声竟死于阑尾炎。

谋划、组织起义，他殚精竭虑；指挥起义，他透支劳累；起义出现意外，他心急如焚；收拾残局，他舍身忘我。诚然，赵声之死没有死在战场的壮烈，没有夺人眼球的亮相，殊不知赵声这种无我的牺牲精神更加难能可贵。他“以身许国”，或为革命鞠躬尽瘁死而后已；或功成身退，“得归且卧大江湄”。

赵声“以一匹夫持民族民权主义，日与专制之政府相激战，其败也固宜。然坚决之情性，英飒之风姿，屡仆屡振，不达所蕲的不止。迨于身死，尤足以振荡天下之人心。继此接踵而兴，投袂以起，以发扬神州之光荣者，何莫非君之英声义气有以扇被之耶？”史家曰：“烈士不死，黄花岗不失败，中国人心或犹不至如此激昂。烈士死，而后中国人人乃无不印一革命主义于脑海。嘻，烈士之死大矣，非烈士一死之精诚，推坚撼深，磁飞电激，有以震荡人心，即武昌义旗动未必遂告成功也。”赵声之死可谓是用生命来奠基革命。因为赵声“以身许国”的无我献身精神正是同盟会各路“山头”所缺失的，这种缺失让同盟会的先天不足暴露无遗。正因如此，邹鲁、汪兆铭才到赵声的坟上痛哭，他们说：要是赵声在，同盟会绝不会四分五裂。但同盟会党人们是否知道，赵声的无我牺牲精神正是他留给同盟会医治缺陷、医治创伤的宝贵遗产，是奠基共和不可或缺的基石。

六、辛亥之功不可磨灭

在纪念辛亥革命 100 周年时，香港联合出版集团总裁陈万雄撰写《百年庆典岂能忘怀斯人》一文，指出：孙中山在“《有志竟成》一文中，总结由同盟会领导的起义战役有十次，而列庚戌和黄花岗两役为第九和第十次。身与该两役的重要革命党人莫纪彭曾指出，此两役之前的革命军事力量为会党，为绿林，为乌合之众，到庚戌之役由新军为军事主力，为革命力量的一个转折点。在广东该两役的新军起义，军事策划者和领导者是赵声（伯先，1881—1911）。赵声可以说是晚清从事新军革命的先行者，而结集起来的新军革命力量成效最大。庚戌和黄花岗两役虽在广东，但预其役的领导者和重要革命党人，却遍及中南各省，这与赵声多年经营长江和广东新军形成革命力量的网络有关”。

回顾赵声短暂的一生，他文武双全、军政兼备，将新军改造为武装革命的主力，在南方诸省建立相互响应的战略布局，发动接二连三的新军武装起义，动摇了清廷统治的基础，铸就改天换地的大势，这才有武昌起义，才有全国风起云涌的响应，才有清吏的树倒猢狲散，才有迫使皇帝退位的威慑。可以说，没有赵声，中国民主革命的进程将大大地往后推移，辛亥之年未必能发生“辛亥革命”。赵声对辛亥革命做出了不可磨灭的历史贡献，他的历史作用在当时无人能替代。孙中山、黄兴在《孙中山等发起江皖烈士追悼会通启》中说：“大江上下，夙多豪杰之士，十稔以还，烈士奋起，或潜谋狙击，或合举义旗，取义成仁，项背相望。如赵君声、吴君樾、熊君成基、倪君映典者，尤其卓然著称者也。”

赵声是中国近代杰出的民主革命家，他短暂的生命

赵声像

是这样豪雄，创起共和，推翻专制，所恨义旗大举，不在生前，致未能铁血齐飞，亲觇改革；争什么势位，真元难复，外侮频来，倘知覆辙堪忧，速筹善后，应各以冰心相矢，藉慰英灵。

——章炳麟挽赵声

方倚济时唐李郭；竟嗟无命汉关张。

——黎元洪挽赵声

闪耀着光照千古、激励后人的宝贵精神。他“先声夺人”，锐意进取，开创新军革命，行动之快、能量之大、效率之高无人能比；他光明磊落，胸怀博大，无论在哪里都能聚集一批肝胆相照、生死与共的革命同志；他知行合一，注重实干，一生践行“革命贵在实行”的主张；他顾全大局，以革命为重，尽力维护同盟会的团结，维护孙中山、黄兴的领导地位；他“以身许国”，投身革命，不为官禄所动，百折不回，直至献出生命；他以无我之精诚，振荡天下之人心，激发后起，奠基革命，为辛亥革命做出了不可磨灭的贡献。

赵声墓

数年来岭峤以追随，冀胡氛扫荡，民国奠安，那堪几日腥风将雁行吹断；

万里外灵輀而浮寄，恐痛隐严亲，哀衔寡嫂，特藉大江流水运马革归来。

——赵念伯、赵光挽赵声

天地有正气；园林无俗情。

——于右任题伯先祠

绿竹径回环，劲节雅似君子德；黄花岗缥缈，忠魂是有故人游。

——伯先祠联

赵伯先家属在伯先公园铜像揭幕时合影

新区华章

癸卯題新區華章

得意春風阡陌簡

來神巨筆古今圖

金柏撰聯并書

古邑桑梓展古韵；新区产业焕新城。

——吕兴华

镇江新区概览

镇江新区是镇江主城区“一体两翼”总体布局中的“东翼”，总占地面积223平方千米，有常住人口26.4万人，下辖丁卯、大港2个街道和丁岗、大路、姚桥3个镇。近几年，新区连续多年进入全国国家级经济开发区30强。近五年来，新区的固定资产投资、产业类投资、制造业投资始终稳居镇江市前列。2022年，完成地区生产总值826.7亿元，人均地区生产总值排名全市第一；工业应税销售完成1220亿元，连续五年突破千亿并持续增长；外贸进出口额完成391.9亿元，在全市占比超1/3；新签约亿元以上项目66个、利用外资1.95亿美元，均列全市第一。

镇江新区管委会　新区新闻中心供稿

镇江新区科技新城　摄影 / 叶华文

巨擘高超谋富略；群英智勇践宏图。

——赵俊梧

金东纸业

不忘初心，新区再创新高地；栓牢使命，宜地重开宜舜天。

——周文齐

龙跃九天临大港；凤翔千仞接新区。

——徐纪寅

镇江新区持续深耕战略性新兴产业，打造新材料、新能源、航空航天、生命健康四大主导产业。新材料产业工业应税销售占全区比重达40.3%，新材料产业园稳居中国化工园区30强，新能源产业以孚能科技、中节能为龙头，引领动力电池与太阳能光伏两条产业链乘势而上；航空航天产业实现“专业园区，通用机场，江苏航院、航空教育小镇”融通发展，覆盖整机制造、航空航天新材料、飞机内饰和零部件核心关键部件制造、通航运营服务、职业技能培训等产业链上下游；生命健康产业以金斯瑞、英利医疗、吉贝尔三家美股、港股和主板上市公司为支撑，形成了高端制药、医疗器械、健康服务等产业链集聚的发展态势。

滨江产业　新区新闻中心供稿

跑起来，京口前途无限；追上去，新区谋划未来。

——任继顺

丁卯到姚桥，一路欢歌讴盛景；
高新增效益，双创硕果利强图。

——贾征华

吴越多才俊；江山自风流。

——环建文

中节能车间　新区新闻中心供稿

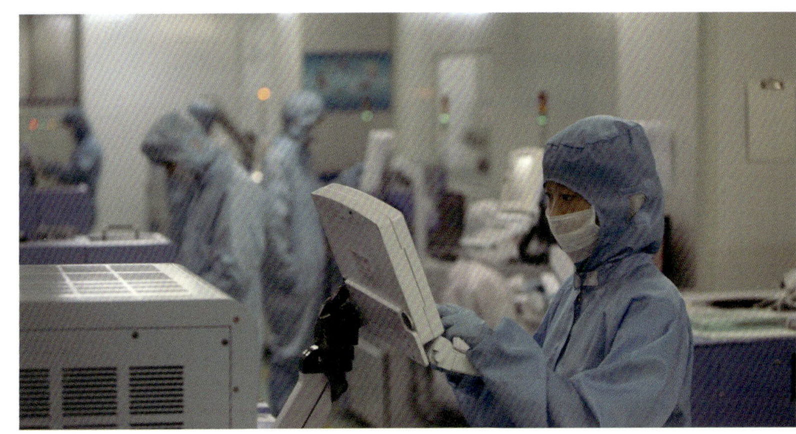

镇江艾科半导体生产线　摄影 / 张斌

中节能车间　摄影 / 赵寅生

心湖片区　新区新闻中心供稿

镇江港集装箱码头　摄影／赵伟寅

地接沪宁，帆扬海外八万里，恭迎宾客；
天分吴楚，虎镇江东三千年，阅尽沧桑。

——笪远毅

东南西北中，亨通大港；江海河公铁，联运神枢。

今日大港　摄影／邵明宇

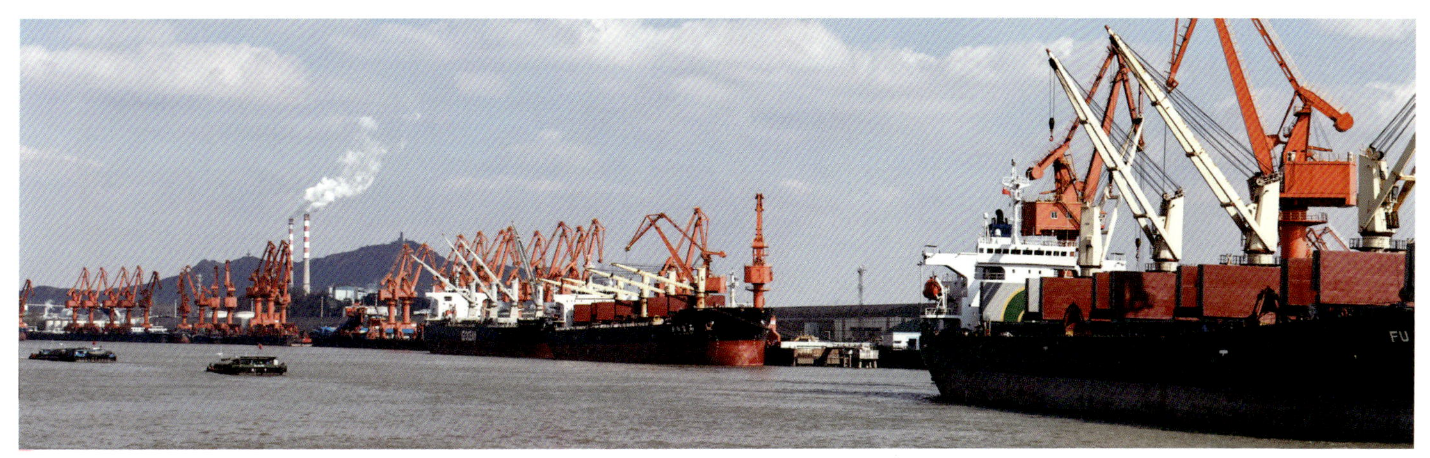

镇江港码头

交通运输

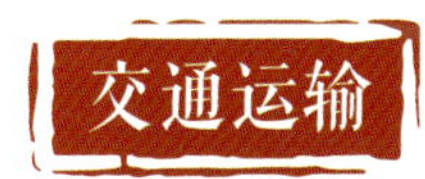

镇江新区地处长江和京杭大运河的十字交汇处，拥有天然深水岸线 17 公里。大港港是国家一类开放口岸、长江第三大港口，也是上海国际航运中心组合港。境内有三条高速公路（沪宁高速、扬溧高速、江宜高速）和三条高速铁路（京沪高铁、沪宁城际高铁、连镇高铁）通过。

五峰山下高桥，横空出世；扬子江边大港，吞吐乾坤。

【注释】高桥与大港指大桥与港口所在的两岸古镇。

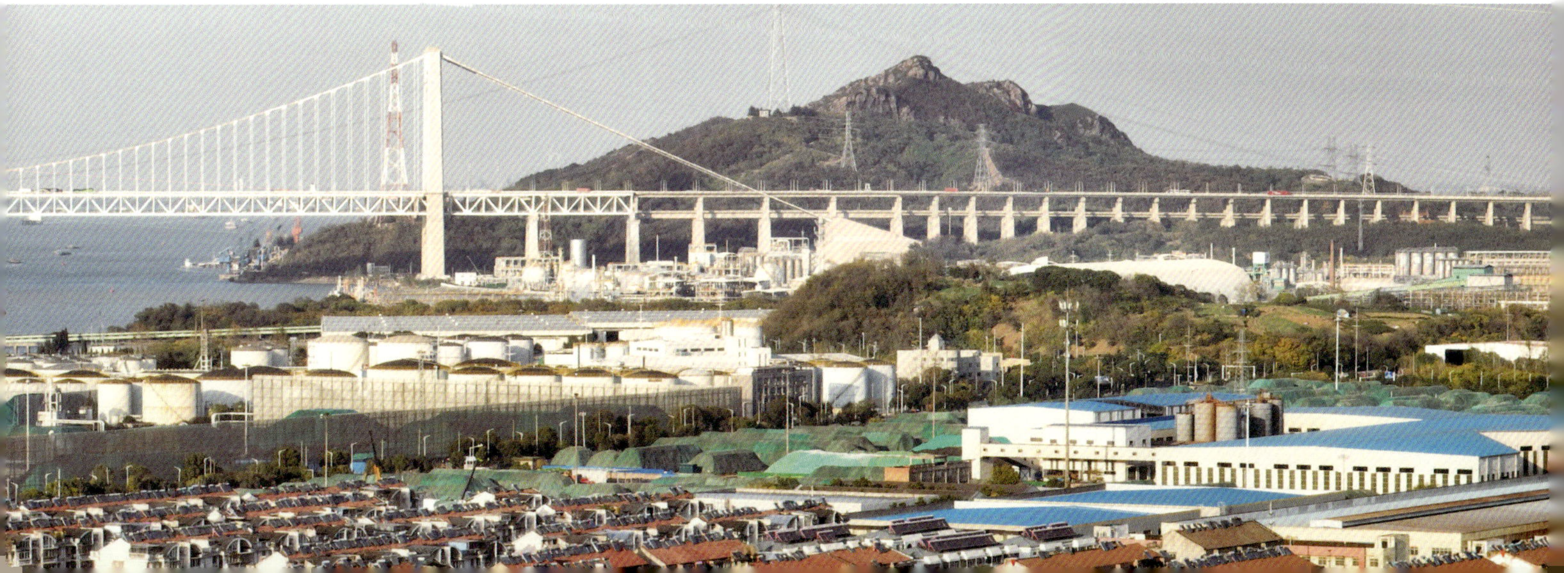

有道东西南北；无忧春夏秋冬。

摄影 / 王荣明

虹桥飞架，助江苏南北融通齐发展；
圌岭巍峨，看大港东西辉映争荣光。

——卫志平

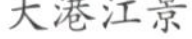

大港江景

高铁、大桥、港口、机场，四通八达；
科研、制造、旅游、服务，百卉千葩。

大路通用机场　机场供稿

高铁大港南站　摄影 / 倪云海

虎啸山林，生机勃发，迎来一片花团锦簇；
风清社会，气正淳和，造就千年国富民强。

——赵家驹

心湖　摄影 / 邵明宇

镇江新区行政服务中心　摄影 / 邵明宇

芳魂苦铸经年力；雅韵欢呈累月心。

——赵俊梧

平昌小区　摄影／贺树平

金融大厦、城市公园　摄影／贺树平

心湖高级中学　摄影 / 汪文翔

兰竹案头添雅韵；
腊梅庭院弄芳馨。
——王元梅

社会公益

平昌小学　新区新闻中心供稿

十载楹联默默耕耘路；
今朝诗韵悠悠金玉声。
——仇丽娟

来路回眸，一路艰辛一路拼搏，忧喜交加，自省需诚意；
前程展望，全程坎坷全程重负，阴晴兼具，稳行要正心。

——赵俊梧

马拉松赛　新区新闻中心供稿

龙舟赛　新区新闻中心供稿

平昌新城　摄影 / 贺树平

策惠民生，改造良田除旧貌；心连大厦，安居乐业沐春风。

——梅和清

农村美，城市美，山河皆美；大港新，平昌新，宜地更新。

——王荣庆

山河壮丽，安乡愁一缕；
幸福人生，守世荫千年。

——赵家驹

花好月圆，吴乡处处藏祥瑞；
民安景秀，宜地家家享太平。

——周冬云

平昌新城菜场　新区新闻中心供稿

宜园春色

宜园总用地面积 273.72 亩（约 18.2 万平方米），园内建有展览馆、涵珍园、品茗楼、古井坊、茶具作坊、茶艺坊、曲水茶室、茶艺培训中心、陆羽文化馆和配套酒店等。宜园为丁卯片区宜居宜业的生态文化园区。

宜园有四大功能区域，分别是文化博览区、创意体验区、精致休闲生活区和文化主题酒店。区域内包括涵珍园、涵珍楼、古街区等几大主体部分以及其他配套设施。

宜园有楹联 12 副（未计涵珍园楹联）。

宜业宜游文创地；
可觞可咏作家村。

——蒋光年

幽径香飘梅子雨；
小园人踏杏花风。

——于文清

宜人风景何言少；
醉客花香不在多。

——蒋光年

宜园　摄影 / 贺树平

宜园　新区新闻中心供稿

并网开宏域；存思著锦文。

——朱思丞

檐列画屏穿燕子；月移水鉴倚梅花。

——丁小玲

帘幕数重，阑干几曲；笔花香泛，书案月来。

——徐　徐

杯酒往来，俱是春秋佳日；诸天欢喜，可无山水幽情。

——董国军

银山公园

玉露连江，秀水无妆仍亮丽；
春风遍野，青山不饰亦娇娆。

——康保兴

青簋铭文，靓女诗心，层层叠叠幽山阁；
黄公故事，白银传说，瑟瑟粼粼映水天。

银山公园

银山公园建于2007年，为传统园林风格，园中山水相间，林荫绿道较多。银山古称黄公山，因有孝子拾白银的传说而得名。公园内有青铜篮雕塑与湖心靓女雕塑，建有舫榭、凤凰阁、百米“诗联书画长廊”和江南小院，有部分牌匾、书画、文物点缀其中，人文意味浓郁。银山公园的定位是“文人园”，有楹联16副。

银山公园　摄影／贺树平

圌山关

壁立万仞；关封三江。

——赵曾望题圌山关

碧水有情环岸曲；青山无恙耸天空。

——王梦仙题于大港

心湖　摄影 / 邵明宇

临风峭峙，楞严寺畔报恩塔，岌岌高标，万里长江称第一；
循径蜿蜒，龟瑞山头筑炮台，隆隆疾响，千年懋绩竟连三。

——赵　磊

龙卧峰巅腾紫气；塔浮涧底涌沧波。

——戴志明

古寺庙佛音远绍；新征程诸业昌隆。

——王月中

圌山　摄影 / 贺树平

半亩方塘千古韵；
无边光景一时新。

——蒋光年题儒里吟诗亭

心湖晨曦　摄影 / 殷大伏

华山古村

华山畿旧日传歌梁祝凄美；
仙女冢故园化蝶天地叹奇。

——冷　城

月移花影乱；
波动晚风凉。

——蒋光年题心湖长廊

郁金香公园

心湖　摄影 / 殷志刚

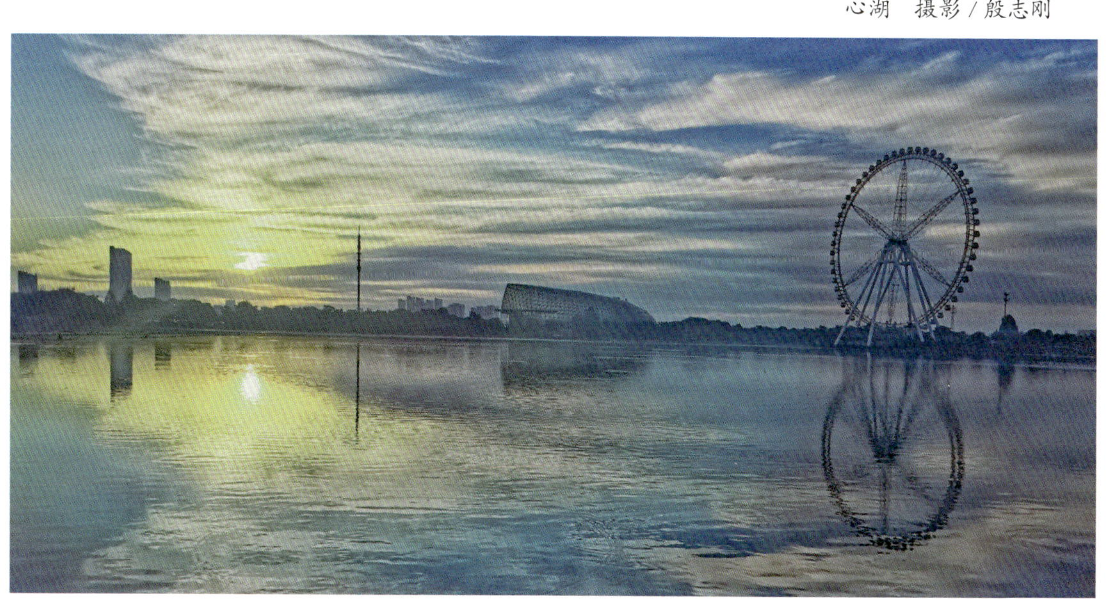

观云听雨吟诗弄墨古之雅；
跳舞唱歌酌酒品茶今而欢。

——王思武

疏枝密叶，佳木绿意融诗意；
旧貌新颜，宝刹书声汇歌声。

——阅览室南门

天地生材皆有用；他人爱子亦如余。

——阅览室北门

新区大港中学

镇江新区大港中学是江苏省教育现代化示范初中。学校占地面积 70 亩（约 4.6 万平方米），建筑面积 2.5 万多平方米，现有 35 个班级、1500 多名学生和 188 名教职工（149 名专任教师）。

学校先后获得“江苏省教育现代化示范初中”“江苏省和谐教育实验基地”“镇江市德育先进学校”“镇江市体育传统学校”“镇江市收费规范学校”“三爱先进集体”“市级巾帼示范岗”“镇江市教育科研基地”“镇江新区先进集体”“江苏省体育教育工作先进学校”“镇江市中小学生行为规范示范学校”“江苏省青少年科技教育先进学校”等荣誉称号。2015 年 11 月 24 日，学校顺利通过“市教育现代化先进学校”评估验收。

新区大港中学

心学紫薇，红逾百日；
情系巨榕，绿荫万代。

——阅览室左阙

喜聚丹心结桃李；
好研朱墨写春秋。

——阅览室右阙

厚德立身，博学正业；
坚毅笃志，精术敦行。

——阅览室左阙

文成蕉叶书犹绿；
吟到梅花字亦香。

——阅览室右阙

新区大港中学

新区大港中学

为人常修美德；掘井必及清泉。

——卞祖玉

九尺之上亭秀；三丈以下流清。

——卞祖玉

瀚灏潮头仙过海；瑞祥宜地子登科。

吴文胜地；扬子明珠。

大港片区　摄影 / 邵明宇